JN060919

経済学概説

Comprehensive Economics

浮田 聡 著

【第3版】

泉文堂

改訂によせて

　改訂版では，初版に含まれていたいくつかの誤植個所の訂正に加えて，経済成長理論の項をはじめとする数項で内容の拡充，練習問題の改訂と追加，そして国民経済計算や産業連関表のデータ更新を行なった。全体のヴォリュームはやや増したが，コンパクト・サイズの経済学総論（Comprehensive Economics）入門という本書のコンセプトは損なわれることなく上梓できたと信じている。

　初版執筆当時と比較すると，金融システムの崩壊，欧州財政危機，新興国の急速な台頭，大震災に原発事故と，経済学の扱うべき現実は，このわずか数年で大きく変容し，既存の経済学ではもはや手に負えないようにもおもわれる。しかしながら，こうした現実の背後にある，金融工学に唆された青白き加算機のごとき利潤追求，市場に対する過剰な信頼と依存，公共部門の安易な肥大化，グローバル化の進展，サプライ・チェーン網の浸透，効率優先のエネルギー政策といった，ときには互いに相反する市場経済の“イデオロギー”のすべては，経済学がこれまでに提唱してきた基本的なアイデアの数々に基づいている。さらに言えば，支配的とされる経済学の暴走の結果という側面さえある。そして同時に，新たに生じた未体験の課題の一つ一つに対し，最適な処方箋を書き下し，経済社会をより高い経済的厚生を享受できる状態へと誘うのもまた経済学の役割であることはいうまでもない。つまり，毒にも薬にもなりうる，中毒性のある劇薬にも似た性格をもつのが経済学，人間が社会のなかで生きていく営みに直接かかわる学問ゆえの宿命である。

　経済学はかつて，国家をまるごと新たに作り出し，いくつもの帝国主義国家をして侵略戦争へと導いた張本人でもあった。その影響力の甚大さをケインズやハイルブロナーが指摘してからすでに数十年が過ぎた今，経済学のもつ変わらぬ影響力，暴走の危険性をあらためて意識する必要があるだろう。支配的な理論や思想の効能書きを鵜呑みにすることなく，つねに批判的精神を失わないことが肝要

におもわれる。本書で紹介された経済学の考え方や理論は現在，おおむね「標準的」とされうるものではあっても，けっして普遍的なものではない。それらに取って代わる，まったく別の理論や思想が登場する可能性を否定することはできないのである。

　なお，第3版では，データの更新，若干の部分的修正に加えて，「経済学の新しい展開」を補論として加筆した。

　最後に，誤植の訂正や索引の改訂作業のほかに，豊富な編集経験に基づく数々の有益なアドヴァイスをいただいた泉文堂の佐藤光彦氏に心よりの謝意を申し述べたい。

　　令和2年3月

　　　　　　　　　　　　　　　　　　　　　　　　　　　浮田　　聡

序

　筆者は長らく，本務校に加えていくつかの大学で経済理論や経済学史を講義する機会をいただいてきた。本書は，数年にわたってため込んできたその講義ノートをもとにしている。日本では，大学によって経済学に対する学問的スタンスにはかなりの温度差があるものの，偏りのない，おおむねオーソドックスな内容の講義をするよう努めてきたつもりである。しかしながら，なにをもってオーソドックスとするかの判断は，いわゆるマルクス経済学を柱とする経済学を別にしても，近代経済学者たちのあいだでかならずしも一様ではなく，その判断の違いがじつは経済学の学派（スクール）を分かつところともなっている。とりわけ，マクロ経済学の分野にあっては，ケインジアン，ニュー・ケインジアン，マネタリスト，新古典派，新しい古典派といった主要なスクールのあいだでさえまったく異なった考え方をする部分が少なくない。こうした考え方の相違は，政策をめぐる論争はもちろんのこと，経済学の根本原理にかかわるような部分にさえ及んでいるようにおもえてならない。入門書ではあっても，こうした経済学のあらたな展開にも目を向けないわけにはいかない。

　本書は，あくまでも経済学の学問体系の全体像を短時間で把握していただくことをその第一義的なねらいとして，経済学史，ミクロ経済学，マクロ経済学の導入部分をわずか300ページ足らずの１冊に網羅するという無謀な試みを行なっている。そのため，ハンドアウトに近い表現や言葉足らずな部分が随所で見受けられるが，説明に濃淡をつけることでポイントの在処を判別しやすくすることを狙ったつもりである。また，伝統的な経済学の教科書に固有の，論理的ではあるが回りくどくてわかりづらい表現を極力回避したつもりである。

　いかに学問とはいえその入門書はむやみに難解であってはならないが，かといって一瞥してすべてが理解できるような劇画の世界を描き出してはならないと考える。「理解するためにはある程度の思考を要する」というものでなければ，

あとになにも残らない，わかったつもりが実はなにもわかってなかった，などということにもなる。院生時代，福岡正夫先生の一般均衡理論の講義を履修し，そのあまりに明快で平易な名調子に，目から鱗が落ちる思いを禁じえず，角谷やブラウアーの不動点定理まですっかりわかった気になったものだが，もちろんほんとうはなにもわかってはいなかった（ただ，そうした目から鱗の感動が経済学への学問的関心を喚起する可能性もあることは否定できない）。天才もそうでない人も含めて，多くの学者たちがときに熱くときにクールに，おびただしい数の議論を重ねつつ，躍起になって取り組んできた結果が今日の経済学である。思想・イデオロギーから完全に独立した経済理論を探すのは容易ではない。したがって，よくある試験対策風の，極端に矮小化された図式で片づけてしまうのは，200年以上にわたって科学としての蓄積を重ねてきた学問の入り口に立つ徒としてはあまりに危険である。その意味で，本書を読んでわかったような気になったとしても，より深い理解のためには経済学史，ミクロ経済学，マクロ経済学，それぞれ独立した入門書をさらに数冊あたられるよう強く勧めたい。

　また一方で，経済理論の理解に必要な論理と数学との相性のよさは，経済学と数学の血縁関係を証明するものであり，その意味でも，数学的表現を必要以上に回避した入門書もまた，経済学の入門書としてはいかがわしいといわざるをえない。昨今，「わかりやすさ」は最高学府の講義にも求められる常識となっているが，それが，こうした意味でつねに両刃の剣であることを肝に銘じつつ，本格的な経済学入門とわかりやすさの二兎をあえて追い，両者のあいだで妥協というか微妙なバランスを自分なりにとったつもりである。

　　平成19年11月

　　　　　　　　　　　　　　　　　　　　　　　　　浮田　聡

目　　次

序章　ブリーフ・ヒストリー

第1部　ミクロ編

7

9

経済学－はじめに

 ## 1 経済学とはなにか

　経済学の raison d'etre はもともと，哲学や倫理学の目的，「人間はどう生きるべきか，人間の幸福とはなにか」から派生したものである。

　ただし経済学は，数ある幸福の尺度のなかでもっとも俗物的ではあるがもっとも客観的な「経済的尺度」をもって測定しうるような幸福＝**「経済的幸福（厚生）economic welfare」**だけを問題にする。

　そして，社会という共同体において，人々の経済的厚生（＝効用 utility，利潤 profit，それらを得る機会等）を増やすためにはどうすればよいかを考えるのが経済学という学問。

　もう少し具体的にいうなら，

> ・だれかの経済的厚生を増やせば，別のだれかの経済的厚生が減るのか
> ・だれの経済的厚生も犠牲にすることなく，社会全体の経済的厚生のレベルを高めるようなことがはたしてできるのかどうか
> ・もしそれが可能だとしたら，そのためにどんな社会的条件が必要になるのか

　こうした問題を体系的に解き明かすのが経済学の役割とするところである。

経済学が実際に扱う現実的な問題を無秩序に羅列するなら，

・社会にとって必要なモノ，サービスをだれがどうやって生産するか
・社会全体として稼ぎだした成果を貢献者のあいだにどう分配するべきか
・市場は商品ごとにどのような競争状態にあるべきか（競争的 or 独占的）
・政府は経済に介入するべきか否か（大きな政府 or 小さな政府）
・失業を減らすにはどうすればいいか，就職環境はいつ改善するのか
・賃上げをするとどうなるのか，物価はだいじょうぶか
・景気変動をどうならしていくのか，不況はなぜ外国に伝染するのか
・個人消費，設備投資，輸入を増やすにはどうすればよいか
・円高になるといいのか悪いのか，株安，地価安はいつまで続くのか
・環境への配慮をしながら景気をよくすることができるのか
・紙幣をどんどん発行して給料を上げればみんながお金持ちになるんじゃないの
・みんなが好き勝手やる社会がいいのか，管理された社会がいいのか
・石油が枯渇したらどうなるの，原発はほんとうに要るのか
・財政赤字の借金をだれがしょい込むのか，わたしは将来年金がもらえるのか
・消費税を10％にしたら，所得税を引き上げたらどうなるのか
等々，挙げ始めたらきりがない。

　経済学者はこれらの問題すべてを相互に関連しあったものとしてとらえようとする。

　そして，それらの一つひとつに一応の回答を用意することができるのが経済学。

　ただし，それがつねに正しいという保証はかならずしもない。また問題によっては，10人の経済学者に聞けば11とおりの答えが返えってくるとも言われる。ホームルームでもっともらしい意見を述べる輩がいて，それにクラス全体が引っ張っていかれるようなもの。ときに腕力に訴える者が支配するようなことが

あっても，それでもなお陰で間接的に実質的な影響力を及ぼしているのが経済学者や哲学者だとケインズは言う。要は，社会とはそれだけ複雑で分かりにくく，また移ろいやすい存在であり，いきおい神化された存在の威を借りてでなければ安心して支配できないものなのかもしれない。

　ところで，本書で扱う経済学はあくまでも「**伝統的な経済学ないしは支配的な経済学**」であるが，それらの経済学が，日々刻々と変化する最新の現実の経済に対応している保証はまったくない。それにもかかわらず，伝統的な経済学から入るという方法には，その考え方があくまでも基礎（理論）であって，錯綜した最新の現実はその枝葉であるといった，旧アカデミズムの傲慢さが伏在している。初学者には十分に古くさく，退屈ではあるけれど，まずは伝統的な経済学の全体像を把握したうえで，それを批判するなり，より新しい方向性を模索することが無難な道かもしれない。それでもなお，伝統的な経済学の，わりと論理的な世界を知っておくことは，思考方法の訓練という意味において，社会生活におけるある種の局面にあってはすこしは役に立つ場合もあることを付言しておこう。

　なお，ここでいう「伝統的な経済学」とは，「主流派の経済学」，「支配的な経済学」，「正統派の経済学」といったものとほぼ同義であり，狭義には，**アダム・スミスに端を発する**「**新古典派経済学** Neo-Classical Economics」を指している場合が多い。

 ## ２　経済学の歴史

・経国済民の考え方の起源はアリストテレスまでさかのぼるこ

とができるが，分析対象となる社会の類似性という点で今日の経済学の原型らしきものが登場するのは，「**市場**」という人類最大の発明がなされる中世末期以降のこと。

・今日，経済学における主流とされる考え方は**スミス** Adam Smith（18世紀）に端を発し，**マルクス** Karl Marx（19世紀）にこきおろされ，**ケインズ** John Maynard Keynes（20世紀）に修正されながらも200年以上にもわたって生きながらえる「新古典派経済学」である。

・現代の経済学における主な学派のスタンスは次のとおり。

左右の区分はもちろん，資本主義経済におけるものであって，社会主義経済においては，この左右は入れかわる。

←LEFT ｜ RIGHT→

マルクス主義　制度学派　ポスト・ケインジアン　ケインジアン　新古典派

・資本主義経済をとらえる場合に，自動安定化装置を内蔵した理想的なシステムとみるのが**新古典派**，ときとして名医が執刀をふるわなければ危篤状態に陥る可能性を強調するのが**ケインジアン**。

・その強調の声はケインジアンよりも**ポスト・ケインジアン**が，ポスト・ケインジアンよりも**制度学派**が高い。

・**マルクス経済学**にいたっては，資本主義経済は生まれながらにして重大な欠陥をもったシステムとみなし，経済社会の存続を望むなら別のより優れたシステム（＝**社会主義体制**）に作り変える以外に方法はないと考える。

・新古典派経済学は，その拠って立つ前提条件の部分にいくつかの問題点をかかえながらも，全体としてはきわめて整合的な論理体系を形成しており，そのことが今日なお新古典派をして主流の立場に居座り続けることを可能にしている。

・すべての入門者が学ぶことになっているのがこのネオ・クラ

シカル・エコノミックスの論理体系であるが，その際には多かれ少なかれ数学との悪戦苦闘を強いられる。しかし，入門レベルの経済学で使われる数学はきわめて原始的なもので，たかだか高等学校レベル，敵前逃亡は愚の骨頂である。とはいうものの，文科系の数学に固有のファジーなレトリックに慣れるのはやはりけっこう大変かもしれない。

 # ③ 経済学と他の社会科学との違い

・（新古典派）経済学は，欧米の先進諸国を中心に，ひろく一般に受容された理論体系をもつ。アプリケーションをめぐる意見の対立は無数にあっても，基礎的な考え方（根本原理）をめぐる意見の相違はきわめて少ない。

・経済現象は実に多くの錯綜する要因がからみ合って生じており，しかも経済社会は実験を施すことが不可能な対象であるため，経済学の学問的発展には，

　　　　「概念（装置）」を構築し，

　　　　「論理」を一つひとつ整合的に積み重ねていく

作業が不可欠であった。

・概念装置を具現化したものが「モデル」，論理の部分は数学が肩代わりしてくれる場合が多い。

・モデルを作るにあたっては，複雑な現実の経済現象に対して，さまざまな「単純化」を施す。たとえば，人の好みや行動パターンはみな多少なりともちがうわけだが，それを同じだと考えるとか，全員が全員例外なく自己中心的に行動するものと考えるとかいった仮定をして，はなしを単純化する。

・そして，モデルがどういうふるまいをするかを調べることでもって，現実の経済への接近を試みるわけだ。もちろん，単

したがって経済学の学習も積み重ねが肝要，途中からの割込はまず無理。

経済理論は普遍性，客観性を重視するがゆえに用語は抽象的になりがち，輸入学問ということもあって，経済

5

学の日本語ジャーゴン
はおそろしく非日常的
な使われ方をすること
に注意が必要だ。

純化のための仮定はやがて取り払っていかなければならない
宿命にある。

 経済学の守備範囲

ミクロ経済学 Microeconomics：

　第一に，経済活動に必要な限られた資源を，あるいは経済が
全体として得た活動の成果を，社会の個々の構成員のあいだに
どう「**配分**」するべきかという問題。

　これは人間の物理的生存という観点だけでなく，経済活動の
存続という観点，さらには社会的公正といった観点にも配慮し
なければならない問題である。

　市場経済というシステムにあっては，「**価格**」という万能の
シグナルが，もののみごとにこの交通整理をやってのけること
になっているが，その機能がどこまで信頼できるものかを検証
し，不十分なところがあれば政府等が補ってやる必要がある。

　こうした「**経済資源の最適配分**」や「**市場のはたらきの有効
性**」といった問題を扱うのが**ミクロ経済学**。

マクロ経済学 Macroeconomics：

　もう一つの大きなテーマとなるのは，多くの行動主体の集合
体としての経済が，全体として達成した「**成果**」が問題になる。

　「説明する」とは，
たとえば，日本のGD
Pがどうして500兆円
の規模になっていて，
どうして200兆円とか
じゃないのかを辻褄が
合うように言ってのけ
ること。

　ミクロ経済学とマク
ロ経済学はもちろん無
関係ではない。その関
係性をどうみるかでも
経済学の学派は分かれ

・経済活動の成果をなにで測るのか→ＧＤＰ
・ＧＤＰに代表される「経済活動の**量**」，
　物価水準や失業率に象徴される「経済活動の**質**」，
　これらを何でどう説明するのか。
・さらにはそれらの経済変数の**変動**をなにでどう説明するのか
・そして最後にそれらをだれがどうやって**コントロール**するの

か。

こうした一連の，経済全体のパフォーマンスを問題にする分野が**マクロ経済学**。

経済学の諸分野：

これらのテーマへの主要なアプローチは「**理論**」，「**歴史**」，「**応用**」の３つに大別され，それぞれ理論経済学，経済学史，計量経済学の３分野をもって代表される。

狭義の経済学の構成要素でもあるこれら３分野は，汎用性の高い「基礎技術」としての性格をもつ。入門者はこれらのどこからでも入ることができる。

経済学の学問体系はたとえば次表のように表わすことができる。

	理　　論	歴　　史	応　　用
総論	ミクロ理論・マクロ理論 マルクス経済学 国際経済学	経済学説史 世界経済論	公共経済学
方法論	数理経済学 （解析学，シミュレーション）	経済哲学 （文献研究）	計量経済学・統計学 産業連関論 （フィールドワーク）
各論	景気循環，成長，発展，消費，投資，財政，金融，貿易，為替，福祉，厚生，保険，公共選択，企業，労働，情報，環境等をめぐる理論	経済思想史・社会思想史 経済史・社会史	経済政策・経済体制論 財政・金融制度論 社会政策・社会保障論 経済地理・交通論・開発論 エリアスタディ

 ⑤　TERMINOLOGIES

ホモ＝オイコノミクス homo-oeconomicus：

「**合理的経済人**」の仮定，自分の利益だけを考えて合理的で

る。マクロをミクロの応用としてみようとする主流派，ミクロで成立することがマクロでは成立しないことを強調する反主流派，といった具合である。

最適な行動をする，おそろしく頭のいい自己中心的な人間のこと。多くの経済学はこういう人間を対象にしている。というか，そうでない，自堕落な人間や博愛主義的な人間の行動は複雑で扱いにくくてしょうがないからである。

マクロ的視点：

遠くの地点から森をみてその成長具合や広葉樹と針葉樹の構成具合などをおおざっぱに観察する［鳥瞰 bird view］→各経済主体の行動を「集計した aggregated」変数で代表させ，それらの変数の決定要因を探る。

ミクロ的視点：

森を構成する1本1本の樹木を細かく観察する。ある1本の樹木が何科に属し，枝や葉がどのように付いていて，樹齢は何歳なのかなどを調べる［鼠瞰 mouse view］→経済資源を市場メカニズムのもとで各経済主体のあいだに効率的に配分するにはどうすればよいかを考える。

鼠瞰などという言葉は，本来は存在しない。一軒の家に住みついた鼠の視点でその家の台所事情を探るといった意味合いである。

経済主体：

一つの国民経済のなかにあって，それぞれ固有の目的をもって分権的に行動するグループ
■家計：消費行動，貯蓄行動（資金供給），労働供給
■企業：生産・販売活動，投資行動（資金需要），労働需要
■政府：公共財供給，資金調達（徴税），財政金融政策の実施
■海外：消費行動（輸出），生産・販売活動（輸入）

集計量：

個別の生産物や生産要素の数量ではなく，経済全体としてと

らえた数量－国民所得，個人消費，総雇用量など。マクロ経済
学は集計量と集計量との関係を問題にする）。

経済資源：

　「経済的に**希少な** economically rare」財やサービス－経済取
引の対象となりうるもの。
▼天然資源＝石油，鉄鉱石など（≒原材料）
▼生産要素＝資本，労働，土地（≒本源的生産要素）
▼中間生産物＝生産活動に用いられる生産された財やサービス
　（≒資本財，生産手段）
▼最終生産物＝生産活動に用いられることのない生産された財
　やサービス（≒消費財）

市場メカニズム：

　価格（生産物価格，利子率，利潤率，賃金率，地代をも含む）
をシグナルとして需給量が調整され「**均衡** equilibrium」が達
成されるしくみ。市場機構，価格メカニズムもほぼ同義。

 ## 6 本書の意図

・経済学のもっとも初歩的な知識を学ぶことにより，経済学へ
　の学問的関心が多少なりとも喚起され，それをより上級レベ
　ルの学習につなげてもらえれば幸いである。
・しかしながら，多かれ少なかれ理論経済学入門としての性格
　をもつミクロ経済学・マクロ経済学は，かならずしも現実の
　経済分析の基礎となりうる保証はない。ましてや実社会にお
　いて役立つ学問であるなどと考えてはけっしてならない。悪
　くいえば泥酔した市井の哲学者がのたまう机上の空論，実社

会などはじめから相手にしていないのかもしれない。その意味では古代自然科学に近い。

・こんなにも抽象的で難解を装っただけの無味乾燥な学問はごめんだと考える向きには，経済理論の細部にはなるべく立ち入らないようにし，あくまでも理論体系の全体像の把握に主眼を置かれるとよい。そして，「経済学風の」考え方にそこそこ慣れたらできるだけはやく，もっと現実味があってしかも有用とされる実証的な分析に移行されたい。

・まずは経済用語を覚える，というより用語に慣れること。そして抽象的な用語と，自分がよく知っている現実とのあいだの橋渡しという敷衍作業に精を出すこと。だからといって，現実的なインプリケーションのみにとらわれることは危険である。現実との連関性は経済理論の重要な要素であることはまちがいないが，眼前で展開される錯綜した現象の大半を捨て去らないと見えてこない「本質」も少なくない（→*ceteris paribus*）。

・経済学が探求すべき「真理」というものがもしあるとしたら，それはおそらくだれにでもわかるようなかたちではけっしてその姿を表わしてはくれないだろう。その意味でも，とくに学習のはじめの段階ではどうしてもそれなりの忍耐力が求められる。だまされたと思ってあきらめることが肝要。

Ceteris paribusケテリス・パリブスは「他の事情にして等しければ」という条件節を意味するラテン語。さまざまな要因が錯綜するなか，一つの関係性にだけ着目し，それがあたかも真空状態で起こっているかのごとく扱うことで分析を容易にするもの。経済学や数学にかぎらず，ちょっと論理的に考えるときにはだれでも用いる仮定である。

序 章
ブリーフ・ヒストリー

　ここでは，本格的な経済理論入門に入る前に，経済理論あるいは経済思想の形成過程をごく簡単にたどっておくことが有用であろう。経済学の世界には現在もさまざまなスクールが存在し，主流派とされる学派と反主流派とでは資本主義経済そのものに対する見方が決定的に違うし，おなじ主流派のなかでも，政策提言については微妙に意見の食い違いがあったりする。ある時代の異端は別の時代の主流となったり，その逆もあったりするのが経済学の歴史，時代を反映して真実とみなしうるものの存在も移り行くなかで，なにが正しいのかをめぐってのはげしい議論こそが経済学の発展を可能にしてきたのである。

経済学略史

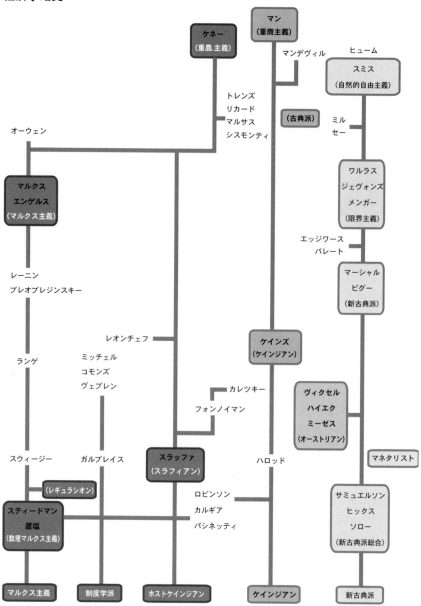

経済の革命・市場システムの登場～アダム・スミス

　相対的に貧弱な肉体しかもたない人間という動物は，その生存のためには社会的である必要があった。人間はその利己的な本性を抑えて協働しなければ生存できない，この生存の問題に対する解決方法を人類は何世紀もかかって3つ見つけ出した。その1つは，伝統や慣習に従って協働するシステム，第2に，封建システム（命令）によるもの，そして最後に登場するのが，市場システムによるものである。この，第3の解決方法，市場システムが登場してはじめて経済学者が登場する。

〔R.L.Heilbroner, *The Worldly Philosophers* より〕

市場システムとは

> ・個人的利得という基礎の上に組織されたシステム。
> ・各人に思い思いのことをさせても，それがある一定の範囲を逸脱しない行動であるかぎり，社会はその存続を保てるという驚くべき装置。
> ・利得のもつ魅力が人々をして社会に必要なあらゆる仕事をさせる。
> ・各人が金銭的に見て自分にいちばん有利なことをすれば，他人との相互作用（利他心）により，社会は秩序ある調和へと導かれる。

市場システム誕生の背景

　伝統や命令に従ってさえいればよかった，心地よく安定した社会を打ち壊し，代わりに得体のしれない，うさん臭い方式に基づいた，だれも望まない社会を打ち立てること（市場革命）になった背景：（R. L. Heilbroner, 前掲書）

(1)　ヨーロッパにおいて国家的政治単位が出現してきたこと

　　　中央集権的国家の台頭は国内の度量衡や通貨にかんして基準化を進展させた。また，絶対君主は，海外の財宝を略奪同然に持ち帰る冒険旅行を奨励し，金銭を追い求めることで活性化する社会の到来を早めた（初期重商主義）。

(2)　ルネッサンスの懐疑的，探求的，人道主義的なものの見方の影響で古い宗教精神がしだいに薄れてきたこと

　　　プロテスタンティズムの台頭により，勤労が奨励され，取得欲が正当化され，宗教的生活と世俗的生活との融合の途が開かれた。

(3)　社会資本の拡充，商業の発展，貨幣化の進展，技術革新と

いった物質的側面において大きな変化の潮流があったこと

　貨幣や市場への親近感，売買に基づいた生活様式が培われ
ていった結果，実質的な権力は金銭に疎い貴族から，金銭に
明るい商人階級へと移行した。

(4)　科学的好奇心が勃興したことにより，進取の精神が認知さ
れ，それが革命の浸透を進めたこと

　発明や新技術の開発が好意的に見られるようになった。

(5)　新大陸からの金銀の流入により，国内の価格体系が激変し
たこと

　通貨でもあった金銀の流入増は，国内にインフレをもたら
し，地代収入に依存していた貴族階級の経済的凋落を引き起
こし，代わって，のちに資本家階級を形成することになる商
工業者の台頭をもたらした。

重商主義からアダム・スミスの世界へ

・重商主義の考え方が**重金主義**から**貿易差額主義**（マン Thomas
Mun『外国貿易によるイングランドの財宝』1664）へと変化
するなかで，国家的「富」を金銀財宝と同一視するか，貨幣
と見るかの違いこそあれ，各国の重商主義政策は所詮，「地
球上に存在する富の量は一定である」という大前提のもとで
繰り広げる「**ゼロサム・ゲーム**」にすぎなかった。

・貿易差額主義は当然のことながら，「**自由貿易か保護貿易か**」
の貿易論争を巻き起こす（バーボン Nicholas Barbon，ノー
ス Dudley North，デフォー Daniel Defoe 等）。

・一方で，ペティ William Petty（労働価値説），カンティロン
Richard Cantillon（重農主義），ヒューム David Hume（貨
幣数量説），スチュアート James D. Steuart（有効需要論）

15

といった人々の考え方に,「経済学原理」の萌芽が見られた。

ケネーはルイ15世の典医, その弟子にあたるチュルゴーはルイ16世の財務総監, かれらの先端分野としての経済学研究は, ルイ王朝の膨大な富を背景とするパトロネージュが可能にしたものといえる。

・そして,フランスでは,ケネー François Quesnay『経済表』(1758- 9),チュルゴー A. R. J. Turgot『富の形成と分配に関する諸考察』(1766)といった**重農学派**によって,新しい富の概念すなわち「**剰余:産出が投入を上回る分**」の概念が提示される。しかし,富の源泉は農業に限定されていた。

・これらのすべてを受けてスミス Adam Smith は,重商主義への決別の意をもって,「社会的な富は,労働によりいくらでも増やすことができる(労働価値説)」とする,まったく新しい富の概念を示し,個人的利得に基づくネットワークとしての「**自然的自由のシステム**」を謳い上げる(『諸国民の富』1776)。

『経済表』の学史的重要性

・ケネーは,金銀財宝と同一視された「富(ストック)」の概念を放棄し,「生産される,フローとしての富」の概念を提示した。これは,産出が投入を上回る分,剰余もしくは**純生産物**(produit net, **国民所得**に相当する)として具現化されている。

・ケネーはアダム・スミスと同様に,富が増産しうるものと考えたが,富すなわち剰余を生み出しうるのは唯一,農業のみであると考えた点(重農)に理論としての限界をもつ。

・しかしながら,ケネーは,のちに「リカード David Ricardo 体系」,マルクス Karl Marx の「**再生産表式**」を経て,レオンチェフ Wassily Leontief の「**産業連関表**」,「フォン・ノイマン=スラッファ Johann von Neumann & Piero Sraffa 体系」へと発展していくことになる,経済の「再生産構造」を

重視するスクールのファウンダーとして位置づけられる。

『経済表』の構成（略図）

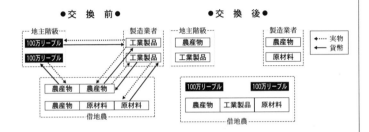

▼社会の成員を以下の３つの階級に区分する。

　１．地主階級：国王，貴族，僧侶

　２．生産的階級：農業，鉱業従事者

　３．不妊階級：職人，商人，製造業者

▼図中の楔形は１つにつき100万リーブルの価値をもつ物的生産物，
　100万リーブル は１つにつき100万リーブル分の貨幣を，それぞれ表
　わす。実践の矢印は実物の流れを，破線の矢印は貨幣の流れを示し
　ている。

▼交換が完了すると，借地農の手に入る200万リーブルの貨幣は，次の
　生産期間の初めに地代として地主の手に還流する。これにより，当
　初の状態が復元され，同じ生産が繰り返されていく。

▼そして，地主階級が各生産期間の終わりに獲得する，200万リーブル
　の価値をもつ財こそが，経済全体における，剰余としての純生産物
　（付加価値，国民所得）を構成する。

▼農業だけが唯一，剰余を生産しうる産業だとする点が，アダム・ス
　ミスを満足させられなかった。

第2節

アダム・スミスのパラダイス
－自然的自由のシステム－

AdamSmith
1723－1790

　アダム・スミスはアメリカという国家が誕生したのとおなじ年（1776年），『諸国民の富』を刊行した。スミスは，自由な市場というものは，個々人が利己心に基づいて行動することによって社会全体の利益が増進されることを可能にする，驚くべき装置であることを，「自然的自由のシステム」として高らかに謳い上げた。『諸国民の富』は，富の賦存量は一定で増やすことができないとした重商主義に対するたんなる批判にとどまらず，はじめての経済理論体系としての存在意義をもち，経済学の形成過程におけるもっとも重要な文献であることに異論を挟むものはいないだろう。

スミスの描いたパラダイス
＝「自然的自由のシステム」の概観

交換の「場」としての市場を主役とする秩序の形成

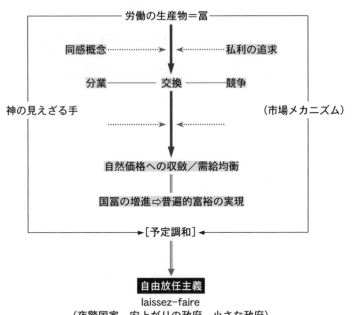

夜警国家は国防や治安維持，必要最低限の土木工事のみを執り行ない，経済には介入しない政府の象徴。市場原理に委ねるため部署や公務員の数も少なければ予算も小さい（小さな政府・安上がりの政府）。

富 の 概 念

スミスにとって**富**とは

「労働によって生産される生活必需品や便益品」
‖
労働こそが富の源泉

したがって，スミスの価値論は「労働価値説」，しかも「支配労働価値説」なるいささか不可解な代物。

これについてはリカードの章で。

先人の影響

　富＝貨幣（金銀）と考えた重商主義者を徹底的にこき下ろし，重農主義者に近い立場をとった。純生産物の概念とそれを産みだす「マクロ経済モデル」をはじめて提示したケネー，製造業者をも生産的階級として純生産物の概念を一般化しようとしたテュルゴーといった重農主義者たちとのパリでの議論が大きな影響を与えている（『道徳感情論』1759年と『諸国民の富』1776年の間の時期）。また，貨幣に依存することの危うさを指摘した点については，**貨幣ヴェール観**のヒュームからの影響もうかがえる。

同感概念（『道徳感情論』）

ある行為や感情が社会的にみて是認できるものかどうかの規準

‖

──────「**同感（sympathy）**」**概念**──────
公平な観察者が「想像上の立場交換」を通じてその行為や感情に同感できるかどうか

↓

個々人は自らの行為の是非を判断する
★スミスには，私利の追求を奨励する（後述）以上，社会の崩壊を招く恐れのある無秩序な利己心をコントロールする「歯止」がどうしても必要だった

私利の追求と社会の利益

　スミスは『諸国民の富』（1776年）のなかで，「消費者も生産

者も，すべての個々人が利己的に行動することは，神の見えざ
る手に導かれ，経済全体としての利益（＝公益）につながる」
とした。

「**利己心**に基づいた行動は本人の利益だけでなく社会全体の利
益増進につながる」

‖

みんなが欲しいとおもうもの（需要があるもの）を生産すれば
儲かり，儲かれば人を雇って機械を増やしてもっと儲けようと
する。このシナリオこそが経済社会全体にとっての利益を意味
する。

‖（ちょっとむずかしい言い方をすると）

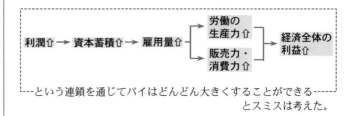

-----という連鎖を通じてパイはどんどん大きくすることができる-----
とスミスは考えた。

先人の影響

　この発想の先達はいうまでもなくマンデヴィル Bernard
Mandeville である。奢侈，虚栄心，強欲といった「悪徳」が全
体の利益を増すとしたマンデヴィルは歯止なき利己心を前提に
していた。これに対しスミスは，前述の「同感」や正義によっ
てコントロールされる利己心を前提にしており，しかもそれは
けっして悪徳ではなく「善」と認識していた。この違いが正統
と異端を分けたのかもしれない。

マンデヴィル思想は，
1723年刊行の詩集『蜂
の寓話』に体現されて
いる。悪徳を奨励した
かどで激しいバッシン
グに合う。

分　　業

▼ピン工場の例：1本のピンを製造する際の，「針金を延ばす →まっすぐにする→切断する→頭を作る……等々」約18もの 工程を，それぞれ別々の労働者の手で作業したほうが効率的 である。＝生産過程の分業（分業①）

▼兼業の非効率・専業の効率性：「弓矢作りの達人狩りをせず」 →特化の利益（自己利益の追求が互いの利益に）＝職業の分 化（分業②）

> スミスにとって分業とは，労働の生産力を高めるもの
> したがって，労働＝富の源泉であるから，
> 分業の推進は社会的富の増大につながる
> と考えた。

自 然 価 格

▼価格を構成する賃金，利潤，地代はそれぞれ，その社会の一 般的諸条件とその商品の性格によって自然に規定される水準 というものがある（＝自然率）。

▼この分配率の自然率に基づいて算出された商品の価格を「**自 然価格**」と呼ぶ。

▼これに対し，実際に市場でつけられる商品の価格，「**市場価 格**」は，市場における需要と供給の作用により，乱高下しな がらもしだいに自然価格へと近づいていく傾向をもつ。その 意味で自然価格は「**中心価格**」といってよい。

市場価格の自然価格 への収斂：近代経済学 では，「市場価格は生産 価格に収斂するかどう か」の問題として長く 論じられてきた。市場 が完全な調整能力をも つかどうかにかかって いるとされる。

このスミスのいう，市場における需給均衡が（神の見えざる手を通じて）自然価格という理想郷に向わせるという考え方は，今日の「市場メカニズム」の根幹をなすものである。さらには，この神の見えざる手の仕事ぶりにどこまで信頼を置くかの違いによって，経済学のスクールが分たれ，おおげさにいえば経済体制までも分けるはめになっている。

小さな政府

　国富増進のためには労働の生産力を高めることが第一。第二に，社会の欲する商品が，社会の望む量だけ，社会が支払う用意のある価格（自然価格）で供給されるようになること。

｜そのためには

自由な資本移動，自由な労働移動をはじめとする

自由な競争のための条件が市場において保証される必要性がある

｜

自由な競争を阻害するもの＝政府の市場への介入

あと，巨大資本による独占も

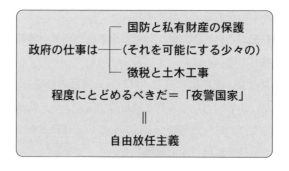

注意：このようなお粗末な資料でけっしてスミスをわかった気になってはいけない。ぜひまともな専門家の解説書を読んでほしい。なかでも，水田洋著『アダム・スミス』講談社学術文庫，佐伯啓思著『アダム・スミスの誤算』ＰＨＰ新書，などが一般向けでお勧め。

第3節

リカードの暗い体系
－古典派経済学の形成－

David Ricardo
1772－1823

　商品の価値，富の階級間への分配，資本蓄積，自由貿易，租税等について，はじめて一貫性のある理論体系をもって論じあげたリカード David Ricardo，かれが経済学に残したものはあまりに大きく，発明とか新発見とさえ呼んでいいような経済理論の新機軸を切り開いた。しかしながら，リカード理論の最終結論は，論敵であり友人でもあったマルサス Thomas Robert Malthus の『人口論』と同様，あまりに陰鬱なものであった。

『経済学および課税の原理』(1817年)の登場人物：地主，資本家，労働者
※資本家が生産のコーディネーター

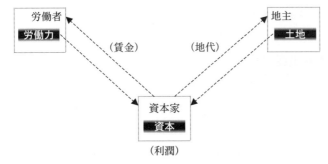

Thomas Robert
Malthus 1766－1834

マルサスとの論争

穀物法論争

背景：

人口増加　→　穀価高騰　→　廉 価 な
輸入品流入　→　穀価下落
↓
地 主 の
利益確保　→　地 主 の
利益減少
↑　　　　　　　　↓
資本利潤を圧迫　←　生存費高騰　←　穀価高騰　←　穀物法制定
（関税）

リカードの立場

穀物法は賃金支払い分と地代支払い分を増加させる結果，農業資本の利潤を圧迫し，資本家という社会の進歩の担い手に打撃を与えるだけのものである。地主の利益は社会のあらゆる他の階級の利益に反するとして穀物法撤廃を主張した。

マルサスの立場

食料の外国依存の危険性のほかに，廉価な穀物は貨幣賃金の低下を通じて労働者をより困窮させ，また農業利潤，とくに地代収入の減少は地主の購買力の低下を通じて需要減退による不況へと導くものとして，廉価な輸入品の流入阻止を主張した。

過剰生産恐慌論争

リカードの立場

資本蓄積による生産能力の増加は，地主や資本家の消費を減らす一方で，投資需要や労働需要を高める効果があるので，有効需要の不足をきたすことはない。

マルサスといえば，その主著『経済学原理』よりも『人口の原理』（1798年）のほうがはるかに有名であることはいうまでもない。人類という生物の食糧をめぐっての淘汰を是認したこの書物は当然のように世界中から総スカンを喰ったが，のちにダーウィンらの適者生存という生物学の革新に結実していくことになる。社会科学が自然科学に影響を与えた数少ない例となった。

セーの販路法則：生産物に販路を提供するものは他の生産物

↓

「供給はそれみずからの需要を創出する」

↓

過剰生産恐慌は起こりえない

生産された財はすべて何がしかの費用がか

かっており，その費用はかならずだれかの所得

になっているはずで，購買力が保証されている

ことになるというもの。

・この販路法則は，リカードが過剰生産恐慌の可能性を説くマ

ルサスを論駁するのに利用されたが，のちにケインズによっ

て退けられた。

[マルサスの立場]

過度な資本蓄積は有効需要の不足をきたし，不況につながる

とし，これを回避するには地主の消費を増やすことこそが肝要

だとした。

価値論＝投下労働価値説

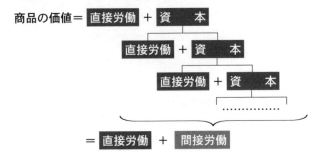

商品の価値＝ 直接労働 ＋ 資　本

直接労働 ＋ 資　本

直接労働 ＋ 資　本

‥‥‥‥‥‥

＝ 直接労働 ＋ 間接労働

・均等な賃金の変化は**相対価格**に影響しない

┗→ 何で測るか？→「不変の価値尺度」

≒金銀

フランス人，セーＪean Baptiste Sayは1803年，『政治経済学概論』において，販路法則を展開した。過少消費に恐慌の原因を見い出す説を論破する意図があった。

イタリア人経済学者,
スラッファPiero Sraf-
fa は, 著書1, 論文4
篇という寡作な経済学
者であるが, ケンブ
リッジに招聘された。
著書『商品による商品
の生産』は, のちの経
済学者に多大な影響を
及ぼしている。

・価値修正論：<u>固定資本使用の度合いの不均一性から生じる相</u>対価格変化の可能性は軽微である（c.f. 資本の有機的構成の不均等性）

・リカードの労働価値論はその後, マルクスに受け継がれ,「転形問題（価値と生産価格の乖離）」に発展した。そして不変の価値尺度問題はスラッファによって, また転形問題はスラッフィアンによって, それぞれ解決をみる。

分配論（国民所得の分配理論）

▼地代論＝差額地代論

　土地の耕作は第1等地より始まり, しだいに外延的に拡大していく。

　　　NP：等労働, 等資本の投下により得られる純生産物

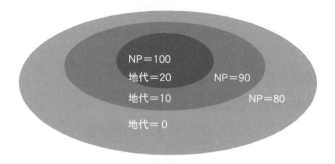

　劣等地への耕作が進行するにつれて,

・地代総額は増加

・最劣等地における必要労働量　⇨　穀物価格は上昇傾向に
　　　　　　　　∥
　　　　　　穀物の価格

▼賃金論＝生存費説

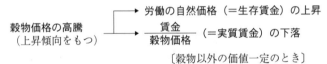

穀物価格の高騰
（上昇傾向をもつ）

労働の自然価格（＝生存賃金）の上昇

$\dfrac{賃金}{穀物価格}$（＝実質賃金）の下落

〔穀物以外の価値一定のとき〕

c.f. 蓄積論との関連

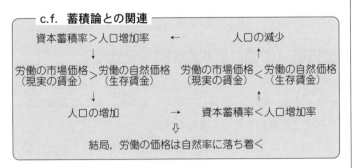

資本蓄積率＞人口増加率　←　人口の減少

労働の市場価格＞労働の自然価格　　労働の市場価格＜労働の自然価格
（現実の賃金）　（生存賃金）　　（現実の賃金）　（生存賃金）

人口の増加　　→　資本蓄積率＜人口増加率

結局，労働の価格は自然率に落ち着く

▼利潤論＝残余説

　資本蓄積とともに，資本家の手元に残る残余としての利潤は逓減していく。

外国貿易論（労働価値説の例外－その1）

・2国2財モデル

　　想定は以下のとおり。

　　　　A国：大陸国家　　　B国：イギリス

　　　　a商品：農産物　　　b商品：鉱業製品

　　2国間で生産物の取引は可能でも，労働および資本の移動はできない

単位あたりの生産に必要な労働量（＝労働投入係数）

比較優位	A国 （絶対劣位）	B国 （絶対優位）
a商品	100人	90人
b商品	120人	80人

・両国はそれぞれ **比較優位** にある生産物に特価して交易を行なうほうが，ともにより多くの生産物を得ることができ，有利である（「**比較生産費説**」）。
・比較生産費説はリカード以後，ヘクシャー＝オリーン，サミュエルソンらによって，現代的な貿易理論として進化した。

機械論（労働価値説の例外－その２）

・"Luddites 運動"（機械打ち壊し）を機に，資本と労働のあいだの「**代替**」をめぐる議論が浮上
・リカードは当初，機械化の進行は労働者にも利するとした：

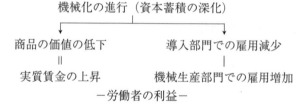

・しかし，その後第３版で，機械の導入は純収入（地代＋利潤）を増やすが総収入（地代＋利潤＋賃金）を減らし，労働需要の元本である生活必需品のストックや流動資本の減少を通じて労働需要の減少と貨幣賃金率の低下をもたらすとし，一部の失業が生じる可能性を示唆した。

リカードの中立（等価）命題について

　「赤字国債の発行→減税・公共投資→将来の増税による償還という財政政策は，現在増税するのと同等で，現在世代の消費を増やすことにはならない」とする考え方。中立命題には，世代間の所得移転の問題に初めて注目したリカードの名前が冠され

るようになったが，政策立案者としてのリカード自身は，世代を超えての完全予見性は前提できないとして，中立命題を否定している。

第4節

マルクスの冷酷な哲学
－マルクス体系－

Karl Marx 1818－
1883

　マルクス Karl Marx の経済学は奥が深い。過去に数えきれ
ないほどの経済学者がその解釈に挑み，数々の理論的矛盾・誤
謬が明らかになったにもかかわらず，マルクスの経済学は依然
として資本主義経済分析の最良の教科書のひとつであり続ける。
それは，天才的なまでに明解で熱いレトリック（コピー）も無
視できないが，それ以上に，マルクス自身，社会変革と人間解
放のための哲学を模索した哲学者であり，反体制革命をアジ
テートする革命家でもあったという，前代未聞の人物像（キャ
ラ）ならではのヴィジョン，そこへ明解なる論理でたたみかけて
くる経済理論（コンテンツ）にとどめを刺される。これはもう
19世紀最高の芸術作品に仕上がっている。以下では，そのコン
テンツの部分を少しだけ分かったような気になっていただくた
めに，経済理論としてあえて極度に矮小化した，「マルクス体系」
らしきものを提示するにとどめておく。

共産党宣言の過激さ

マルクス＝エンゲルス著『共産党宣言』1848年刊行

　　：フランス2月革命の年，J. S. Mill『経済学原理』

　　　　　　　　　　　＝ブルジョワ経済学の集大成

　　　　　　　　　　　·　　　　‖

　　　　　　　　　　　　　批判の対象

「ヨーロッパに幽霊が出る＿共産主義という幽霊である。……
われわれは公然と宣言する。……プロレタリアには鉄鎖のほか
に失うべき何ものもなく，そしてかれらが勝ち取るのは全世界
である」。

> 資本主義が最終的に取り組まねばならないのは「資本主義の崩壊
> は不可避」とするマルクスの予言でありヴィジョンである。

唯物史観（弁証法的唯物論）

生産と交換がすべての社会秩序の基礎

　　　　　←産出物の分配と分配にともなう階級等の

　　　　　　　　　　　　社会分化のあり方 を決める

あらゆる社会的変化（含，政治革命）の原因　　　　↑

　　　↓　　　　　　　　産出物の中身と生産方法，交換方法

＝生産と交換の様式の変化に内在

　　　↓

　　　経済学

すべての社会はわが身に衣食住を与えるべく組織されねばなら
ないという「経済的基礎」の上に構築されている。

　　　　　└──「**上部構造**」を必要とする

　　　　　·　　　　‖

　　　法，秩序，統治の概念，思想等（非経済的要因）

生産関係に体現され
る経済的構造の上に，
政治·法律·宗教といっ
た上部構造がそびえ立
ち，それにイデオロ
ギーをはじめとする一
定の社会的意識形態が
照応する。マルクス『経
済学批判』

34

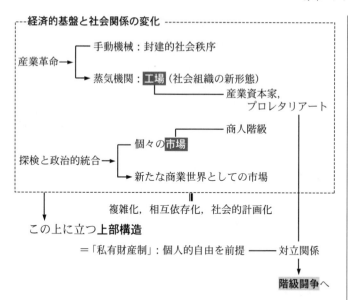

```
---経済的基盤と社会関係の変化 -----------------------------
 ┌─ 手動機械：封建的社会秩序
産業革命─┤
 └─ 蒸気機関：工場（社会組織の新形態）
 └─ 産業資本家,
 プロレタリアート

 ┌─ 商人階級
 個々の市場
探検と政治的統合─┤
 └→ 新たな商業世界としての市場
---------------------------------------------------
```

複雑化，相互依存化，社会的計画化

この上に立つ**上部構造**

　＝「私有財産制」：個人的自由を前提 ──── 対立関係

　　　　　　　　　　　　　　　　　　　　　　階級闘争へ

資本論の世界

『資本論』第 1 巻は1867年に初刊行，第 2 巻と第 3 巻はマルクスの死後，エンゲルスの手で，それぞれ1885年と1894年に刊行された。

資本主義の理想モデルに内在する欠陥を指摘する

・労働価値説：商品の価値＝商品に体現された労働量

必要労働時間をこえる労働日＝$\dfrac{\text{剰余労働時間}}{\text{必要労働時間}}$＝剰余価値率：一定

$\dfrac{1\text{日の生存に}}{\text{必要な物質}}\times\dfrac{1\text{日の}}{\text{労働時間}}=$

┌─労働力（商品）の価値に相当する賃金：可変資本 v

└─原材料，生産手段の価値：不変資本 c

労働者が必要労働時間を越える労働供給をせざるを得ない背景
　　　‖
資本側の絶対的に優位な　←　生産手段を占有している
雇用関係　　　　　　　　　　　という事実
　　（生産関係）　　　　　　　　　（私有財産制）

　　　　　　　正の剰余価値⇄私有財産制を前提にした
　　　　　　　　　　　　　　生産関係

35

資本の有機的構成：
不変資本 c の可変資本
v に対する割合 $\dfrac{c}{v}$，
近代経済学でいう資本
労働比率 $\dfrac{K}{L}$ のこと。
資本蓄積の進展にともない，大きな値をとるようになる（高度化）。

資本主義経済崩壊の構図

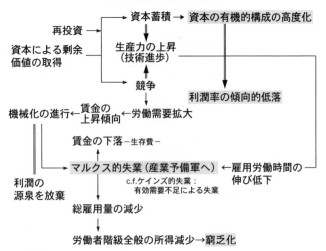

資本の有機的構成の高度化→利潤率の低下（再生産表式）

利潤率の定義：$r = \dfrac{s}{c+v} = \dfrac{\dfrac{s}{v}}{\dfrac{c}{v}+1}$（剰余価値率 $\dfrac{s}{v}$：一定）

資本の有機的構成 $\dfrac{c}{v}$ の高度化（上昇）$\Rightarrow$ 利潤率の低下へ

$r = \dfrac{s}{c+v} < \dfrac{s+v}{c+v} < \dfrac{s+v}{c} = \dfrac{\text{生きた労働}}{\text{対象化された労働}}$

　かくしてマルクスは，資本主義経済の発展過程においては，労働者に帰属すべき剰余価値の資本家による搾取のかたちで資本蓄積が深化するため，労働の窮乏化と利潤率の低下をともなった恐慌が必至であると結論づける。

限界理論と新古典派経済学

　アダム・スミスの『国富論』からちょうど1世紀後にあたる
19世紀後半,「限界革命」と呼ばれるアプローチの変革が生じ,経
済学は大きく変質する。限界概念はなにより,経済理論の数学
的精緻化を可能にする一種の大発明でもある。その後オースト
リア学派,ローザンヌ学派,ケンブリッジ学派を中心に,科学
としての経済学は著しい発展を遂げ,今日まで脈々と続く「新
古典派経済学」と呼ばれる主流派経済学の一大牙城を築くこと
になった。狭義の新古典派経済学は現代のミクロ経済学そのも
のでもある。

・1870年代はじめ,ヨーロッパの異なる複数の地でほぼ同時に,
　「限界概念」が提示され,これを機に経済学そのものが大き
　く方向転換をしたことを指す。

　▼ジェヴォンズ W. S. Jevons（Manchester, England）『経済
　　　学の理論』1871年

　▼メンガー C. Menger（Wien, Austria）『国民経済学原理』

1871年

▼ワルラス L. Walras (Lausanne, Suisse)『純粋経済学要論』
1874・77年

・ベンサム J. Bentham, ワルラス（父）A. Walras, ゴッセン
H. H. Gossen 等，あるいはイタリアの数学者が15世紀にすで
に限界概念を提示している。したがって，限界革命は，すで
にあった限界概念を再定式化・体系化した点が強調されるべ
きである。

限界理論の特徴

・最後の（追加的な）1単位の消費がもたらす満足度（**効用**），
「**限界効用**」を明示的に定義し，これにより消費者の最適行
動を定式化する。
・「限界効用」は効用関数を消費量で微分したものであり，経
済分析における数学的処理が可能になった。
・あえて短絡的に図式化すると，

	古 典 派	マルクス	限 界 理 論
価値論	労働価値説・生産費説 （客観的価値論）		限界効用価値説 （主観的価値論）
分 析	静態的・動態的 供給サイドの重視	動態的	静態的 需要サイドの重視
市場観	予定調和（スミス）	不均衡の累積	予定調和
社会観	階級的 （資本家，労働者，地主）		個人主義的 （消費者，生産者）
現 代	新古典派/Neo－Ricardian	マルクス主義	新古典派

限界革命の背景（M. Blaug による）

(1) 経済学の自律的発展過程

(2)　宗教的・哲学的思想の影響

(3)　現実の経済における制度的変化

(4)　マルクス主義への反発

▼限界革命のもつ「同時性」は，(4)の社会主義・共産主義の脅威がブルジョワジーにとっていかに大きかったかを物語る。

▼当時の経済の現実は，

　　・消費の大衆化が進むとともに，個人の経済力が著しく増大しつつあったこと

　　・長期停滞の局面にあったものの，恐慌もなければ景気の過熱もない，安定した状況が続いていたこと

　　などが特徴的であり，それゆえ「**方法論的個人主義**」と「**調和的市場観**」が自然に培われていった。

　　限界革命を経て経済学は，それまでの"Political Economy"から"political"という言葉が消え，"Economics"になった（「**純粋経済学**」）。

学史的意義

・限界革命を「革命」として評価する向きは，古典派経済学の後裔でもあるはずの現代新古典派経済学に往々にして見られる傾向で，それは古典派の非科学的（非数学的）方法論と一線を画す必要性からだと考えられる。

・一方で，限界革命を，限界概念そのものははるか以前からあったもので，「革命」と呼ぶに値しないと考える一派の多くは，異端の経済学である。かりに限界革命があったとして，それを惹起したものはマルクスの著作であって，それが古典派経済学を経たあとで結実したにすぎない，とかれらはその継続性を強調する。

方法論的個人主義：すべての人間は合理的経済人（ホモ・オイコノミクス，p.7）であるとの仮定のもとに，経済現象を説明しようとする考え方，これがなければ今日の主流派経済学は根底から覆るともいえる。

・いずれにせよ，資本主義経済を，経済だけではなく，政治，法律，歴史，文化など，あらゆる社会的条件のもとにダイナミックに捉えようとする試みは，これを契機に消えうせ，かわりに経済現象だけ，しかも量的側面だけを取りあげ，あたかも真空状態における実験のごとく数学的に分析を行なうアプローチが花盛りとなる。しかしながら，この「純粋化」のおかげで，経済学が物理学や数学の成果をいいとこどりすることができ，学問として大きく発展したことは否めない事実でもある。

現代主流派経済学の潮流

限界概念に基づく最適化行動を体系化した新古典派経済学は，20世紀に入ると，ケインズの登場により部分的に修正を余儀なくされる。その後はケインズ的なマクロ経済学をあらたに包摂した「新古典派総合Neo- classical synthesis」として拡充するかにみえた。しかしながら，現実の先進経済が長期停滞局面に入る20世紀後半には，ケインズ経済学の衰退と同時に，新古典派経済学者たちのあいだで，マクロ経済学におけるミクロ的基礎付けを重視する考え方が支配的になってきた。個々のすべての行動主体が合理的な期待形成のもとに最適化行動をとる結果としてマクロ変数相互の関係を定式化するというものである。いわば，ミクロとマクロの整合性をことのほか重視する，こうした考え方は，従来の新古典派Neo- classical economicsとは区別して「新しい古典派New- classical economics」と呼ばれ，現在米国を中心に主流派経済学として位置づけられている。

新古典派経済学を確立した経済学者としては，『経済学原理』（1890年）を記したマーシャルAlfred Marshall，『厚生経済学』（1920年）のピグーArthur C. Pigouらが代表的存在。

ミクロとマクロの非整合性，とりわけ「合成の誤謬」を重視する立場は，ケインズ経済学の残党ともいうべき「ニュー・ケインジアン」が継承している。

40

第１部
ミクロ編

Chapter *1*

準　備

ミクロ経済学　はじめに

> 第1部ミクロ経済学は，アダム・スミス Adam Smith によって
> 始められ，カール・マルクス Karl Marx による批判を機により洗練
> された学問体系へと進化し，ジョン・メイナード・ケインズ
> John Maynard Keynes によって「修正」を受けたものの，今日
> 主流派経済学の骨格を形成する考え方として，米国を中心に君臨し
> 続ける経済理論―新古典派経済学の基礎を学ぶのが目的である。※

※　基礎的なミクロ経済学の学習は通常，完全競争市場における
　　消費者行動の理論からスタートし，生産者行動，短期市場均衡，
　　長期市場均衡，不完全競争，市場の失敗といったトピックが続
　　く。こうした背景には，もっとも非現実的ではあるがもっとも
　　扱いやすい完全競争のケースから入門し，次に同じようにあり
　　そうもない完全独占のケースを経て，ようやくもっとも現実に
　　近いがもっとも扱いにくい不完全競争へと至るようにという初
　　学者への配慮があるといえなくもない。しかしながら，通常の
　　感性を備えた初学者であれば，ほぼ完璧な論理整合性を誇る完
　　全競争市場の分析も，その学習を終えた時点ですでに飽食感を
　　禁じ得ないだろうし，またその現実味を欠く無味乾燥な理論体
　　系は学者を志すようなよほどのマニアでもないかぎりまったく
　　ボアリングだろう。ところが，このあとに独占的市場や寡占の
　　分析，それに市場の失敗という，もっとも現実的で興味深いト

43

第1部　ミクロ編

ピックに至ってはじめてミクロ経済学の全体像がつかめるようになっているはずのところ，その前に気力が尽きてしまう，といった事態に陥りやすい。本稿は，こうした隘路を打破し，ミクロ経済学の基本的な考え方を修得し，現実の経済社会の理解のための一助とするという本来の目的に添うように綴ったつもりである。

　市場のはたらきに身をゆだねる資本主義経済にあっては，「限られた資源（天然資源のほかに労働やお金なども含めた広い意味での資源＝経済資源）をさまざまな経済活動にいかにうまく**効率的**に配分するか」，すなわち「資源の最適配分」の問題が経済学の扱うもっとも根本的で重要なテーマとなる。

市場の概念

　「市場 market」とは，財やサービス，資金，労働力など，経済活動に必要なものあるいは経済活動の結果得られたもの（経済財）を交換または取引する「場」のこと。経済財を売る人が供給者であり，買う人が需要者。ただし，けっして物理的なマーケットを指すのではなく，あくまでも抽象的な概念としての「場」を意味するから，もちろん目には見えない。

　経済全体には，生産物市場のほかに，労働市場，貨幣市場，資金市場，株式市場，外国為替市場などがある。

大学生の就職活動を例にとると「大学新卒予定者が，卒業後に労働力の供給者として労働市場に新規参入することを目指した活動」ということになる。この場合の労働力の需要者は企業や官庁である。

44

図1　生産物市場

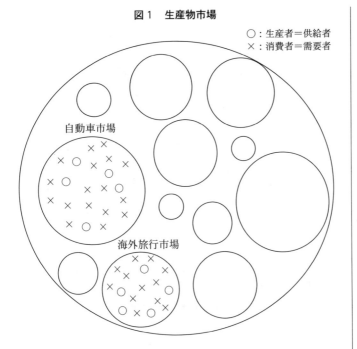

○：生産者＝供給者
×：消費者＝需要者

自動車市場

海外旅行市場

需給均衡

　ある商品の供給者たち（通常複数）が当該商品をどれだけ供給するか，またその商品を需要者たち（おなじく複数）がどれだけ需要するかは，いっぱんにその商品の価格によって決まると考えられる。供給者たちは商品の価格が高いほどたくさん供給しようとおもい，需要者たちは商品の価格が低いほど多くを買おうとするものと考えれば，供給曲線は価格に対して増加関数として，また需要曲線は価格に対して減少関数として描かれることが想像できよう（このことはのちほど，きちんと証明される）。

ここで需要曲線・供給曲線はともに価格によって数量が説明される関係になっているにもかかわらず，価格が縦軸に，数量が横軸にきている点については，高等学校までの数学に慣れ親しんだ方にはとくに注意が必要。これは価格変化が上下の変化として現われるヴィジュアル面を重視した経済学独特の慣用であって，早く慣れていただきたい。

図2　需給均衡

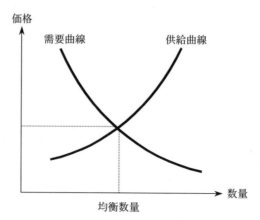

そしてこの供給曲線と需要曲線の交差するところで，需給の一致する「**均衡**」が達成されるということになっている。需給を一致させる価格は「**均衡価格**」と呼ぶ。

市場メカニズム

アダム・スミスの「神の見えざる手」による予定調和の実現には，自由な経済活動に基づいた自由な競争が前提とされていた。そして，スミスの神の見えざる手こそが今日いうところの「市場メカニズム」にほかならない。ミクロ経済学は，市場メカニズムとはどのような働きなのか，それがうまく働くためにはどのような条件が必要か，どのような競争状態が経済社会にとって理想的であるか，といったことを，「原理」として，明らかにする学問分野なのである。

直感的な話として，市場においては，ある価格のもとで供給が需要より多ければ価格は下がり，逆に需要が供給より多いと価格は上がると考えられる（詳細は後述）。このため，価格が

上下に伸縮的に動くことによって需給量のちがいは「調整」され，結局，均衡価格のもとで需給が一致することになると想像できよう。これが市場のもつ機能，市場メカニズムの本質であるといってよい。しかし，市場メカニズムというものはいつもこのようにうまく働くとはかぎらない。

市場の競争状態

市場の競争状態はおおむね次の3つに大別することができる。

図3　市場の競争状態

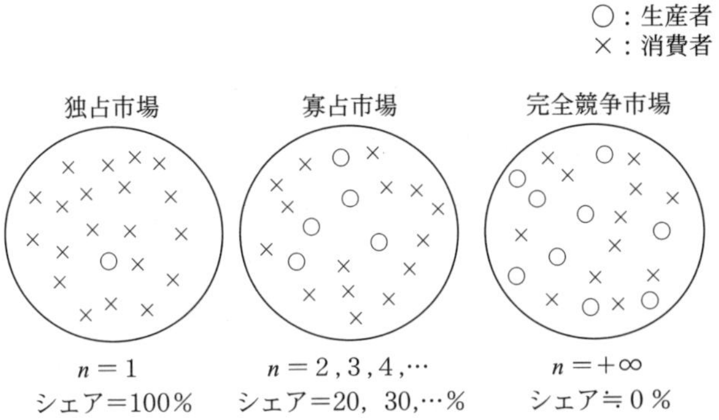

○：生産者
×：消費者

独占市場　　　　　　　寡占市場　　　　　　完全競争市場

$n=1$　　　　　　$n=2,3,4,\cdots$　　　　$n=+\infty$
シェア＝100％　　シェア＝20，30，…％　シェア≒0％

▼こうした競争状態の違いによって市場メカニズムの働き方が異なることが予想される。それぞれの場合の生産者や消費者の行動パターンを定式化し，価格や取引量がどのように決まるかを調べる必要がある。

▼生産物の価格については，独占のケースではシェア＝100％の企業がまったく自由に設定することができる（**プライス・リーダー**）のに対し，寡占のケースではそうはいかない。シェアに応じた価格決定力以上のものは期待できないし，競

47

争相手の価格設定に大きく影響されるだろう。そして，完全
競争のケースでは，独占とは逆に，どの企業もまったく価格
決定力をもたず，市場全体で需要と供給の関係から決められ
た「市場価格」を甘受せざるをえない（**プライス・テイカー**）。

▼これらの競争状態うち，分析対象となる変数の数が少ない
ケースから分析を始めるのが都合がよさそうだ。独占市場は
さておき，寡占市場はなにより厄介である。生産物の価格，
生産量，競争相手の出方，市場占有率など，互いに錯綜し
あった，実に多くの要素を考慮する必要がある。これに対し，
完全競争は現実にはありそうもないケースではあるが，価格
決定力がどの生産者にも，またどの消費者にもない，した
がって価格を「所与given」として分析を進めることができ，
たいへん扱いやすいわけである。そこで，本書でも，完全競
争のケースから説明を始めることにする。

▼完全競争の分析をしたあとに，独占，寡占と順に進み，最後
に，完全競争状態こそが，経済社会にとってもっとも望まし
い競争状態であること（「**厚生経済学の基本定理**」）を導くこ
とになっている。

▼もっとも現実的ではあるけれどもっとも扱いにくい寡占市場
については，学問的にも未発達な部分を残している。本書に
おいては，$n=2$ という極端なケースの分析と「ゲーム理
論」によるアプローチの可能性を示すにとどめておく。

市場均衡，資源の最適配分が導かれるシナリオ

> **仮定1**
> 　市場は完全に競争的である（後述）。
> **仮定2**
> 　消費者は欲望を最大限に満たそうとし（効用極大化），生産者は
> 利益を最大にしようとし（利潤極大化），それぞれ利己的に行動する。

　このような仮定のもとで，市場では財の需要と供給を一致さ
せる「均衡価格」が成立し，その均衡価格のもとで「資源の最
適配分」が実現される（「市場メカニズム」）。

表1　市場均衡・資源の最適配分が導かれるシナリオ

	消費者行動理論	生産者行動理論
変数 目的関数	消費財の数量 効用（関数）の極大化 ⇩	生産要素の投入量 利潤（関数）の極大化 ⇩
価格 vs 数量	個別需要曲線 ⇩	個別供給曲線 ⇩
（集計）	市場需要曲線	市場供給曲線

⇩
均衡価格，市場均衡の成立
（資源の最適配分）

49

Chapter *2*

完全競争市場

> 　十分にたくさんの数の生産者と消費者が，同一の生産物の生産と消費を行なう完全競争市場においては，どの生産者も消費者もその生産物の価格を決めることはできない。情報はすべての行動主体にとって完全であり，市場への参入・退出の障壁もいっさいない。もちろんこんな「完全な」市場は現実にはありそうもないが，ミクロ経済学は，このいわば理想郷をひとつの基準の状態とみなし，そこから導かれる原理をもとに，「完全ではない」さまざまな現実への接近を試みることで成立している。

1　消費者行動理論の概略

　さしあたっては，消費者行動の理論について，以下のように重要事項の整理のかたちであっさり通過する。

効用関数

　「選択」という問題が存在しないところに経済学の出る幕はない。消費者は交換（＝消費）の対象となる商品のなかからもっとも望ましい組合せを選択するものと考える。このとき，消費

者はすべての選択対象を，その消費から得られるであろう自ら
の満足度にしたがって，矛盾なく順序づけられるようでなけれ
ば，選択の議論は成立しない。そこで，消費者の「選好順序」
について，「完全性」，「反射性」，「推移性」と呼ばれる3つの
公準を満たしているという前提で議論を進めていく必要がある。

　クラスコンパに臨むある一人の学生（消費者），Aさんについ
て，そのテイストが次のような効用関数で表わすことができ
るものとしよう。

$$u = u\,(\,x_1, x_2\,)$$

2つの商品（財），

　　① ［ビール］単一種類。本数単位

　　② ［おつまみ］全品均一価格・皿単位

をそれぞれ x_1 個，x_2 個ずつ消費したときに得られる満足度の
おおきさ u（**効用**という）を表わしたものが効用関数。

　2財の消費数量が片方でも両方でも，少しでも増えるとかな
らず満足度は高まると考え，この2変数関数は半椀を伏せたよ
うな形状をしているものと仮定する。

無差別曲線

　効用関数の切り口，つまり等高線のこと。1本の無差別曲線
上にある無数の点は，同じ満足を得ることのできる2財の消費
量の，異なった組み合わせを表わす。

選択肢Aと選択肢B
について，得られる満
足度が同じかもしくは
AのほうがBより大き
い場合にA⊇Bと表わ
すとする。❶完全性：
すべてのA，Bに対し
て，①A⊇B，②B⊇
A，③A⊇BかつB⊇
Aの3つのうち1つだ
けが成立する。❷すべ
てのA，Bに対して，
A⊇Aが成立する。❸
任意の3つの選択肢A，
B，Cについて，A⊇
BかつB⊇CならばA
⊇Cが成立する。

実際の経済分析には
さまざまなかたちの効
用関数はが用いられて
いる。2財モデルだと
最もシンプルで扱いや
すいコブ＝ダグラス型
$U=Ax_1^a x_2^b$，より一般的
には，連続的な無限期
間にわたる消費のもた
らす効用を，$t=\tau$ 時
点の現在価値で表示し
た，$U\tau=\int_\tau^\infty u(c_t)\exp$
$[-\rho\,(t-\tau)]dt$, と
いったタイプのものが
よく用いられる。ここ
で，ρ は時間選好率（割
引率），$u(c_t)$ は t 時点
の消費量 c_t で決まる
「瞬時的効用」である。

図4　消費者の効用関数

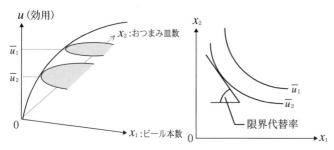

限界代替率

　2財のある消費量の組合せのもとで一定の満足を得ている状態から，一方の財（ビール）の消費量を少しだけ減らしたとき，同じ満足を維持しようとすれば他方の財（おつまみ）の消費量をどれだけ増やさなければならないか，この大きさが「**限界代替率**」。

　　限界代替率＝－（無差別曲線の接線の傾き）

限界代替率逓減

　「ビールの消費量を少しだけ減らしたとき，それでも同じ満足を得ようとすると増やさなければならないおつまみの消費量」（＝ビールを基準にした限界代替率）は，ビールの消費量の水準が高ければ高いほど少なくなっていく（らしい：経験則）。これが限界代替率逓減の仮定で，論理上は決定的に重要なものである。

　　⇨　**限界代替率逓減＝無差別曲線は原点に対して凸**

効用関数の同一等高線（無差別曲線）上では，x_1方向の効用の変化とx_2方向の効用の変化の合計（＝全微分）はゼロだから，

$$\frac{\partial u}{\partial x_1}dx_1 + \frac{\partial u}{\partial x_2}dx_2 = 0$$

or

$$u_1 dx_1 + u_2 dx_2 = 0$$

$$\therefore -\frac{dx_2}{dx_1} = \frac{u_1}{u_2}$$

：限界代替率＝限界効用の比（定理）

予算制約式

あくまでも本日のコンパ予算であって全財産ではない。

消費者は財の購入に充てることができる所得 I に限度がある（＝予算制約）。

（ビール価格）×（ビール消費量）＋（おつまみ価格）×（おつまみ消費量）≦（所得）

⇒ $p_1 x_1 + p_2 x_2 \leqq I$

この不等式の表わす領域は図5の [　　] の部分である。つまり，消費者はこの領域のなかにある消費量の組合せでなければ選択することができない。そして，

⇒ **予算制約線の傾き＝－（2財の価格比）**

が成立していることに注意。

図5　予 約 制 約

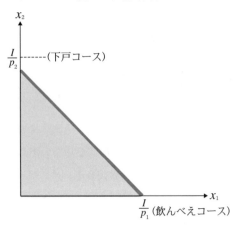

最適消費計画の決定

　予算制約の範囲内で最大の満足を得ようとする合理的な消費者は，予算制約線（等号部分）に接する無差別曲線が示す満足度を，その接点 E のところで表わされた消費量の組合せで実現しようとする（図6）。

図6　最適消費計画

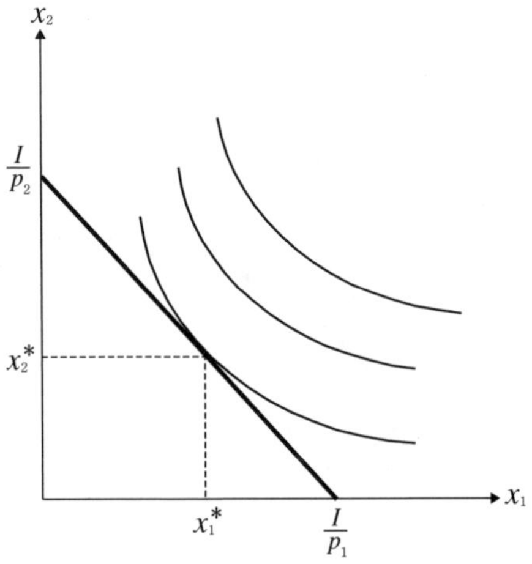

　この接点Eにおいては，

$$-\frac{dx_2}{dx_1}=\frac{p_1}{p_2}$$

つまり，

　　限界代替率＝価格比

が，かならず成立している。逆に，逓減する限界代替率のもとで，みずからの限界代替率が与えられた価格の比率に一致するような消費の組合わせを選べば，その消費者の効用はかならず

「限界代替率と価格比の一致」は効用極大化の必要条件，「限界代替率の低減」は効用極大化の十分条件である。

極大化する。

所得変化の効果（エンゲル曲線）

　価格が変化することなく消費に充てうる所得だけが増えると，予算制約線は同じ傾きを保って外側へ平行移動する結果，最適消費ポイントも外側へ移る（$I < I'$）。この軌跡が示す，所得変化と各財の最適消費量の変化の関係を表わしたものが「**エンゲル曲線（所得－消費曲線）**」。

図7　エンゲル曲線

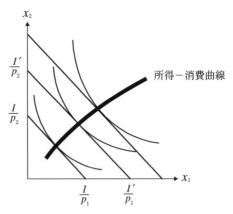

図8　個別エンゲル曲線：財ごとのもの＊

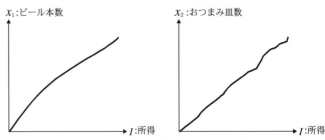

＊　$x_1 - x_2$ 座標上でのエンゲル曲線が図7のような右上がりのケースにかんして

上級財と下級財

　個別エンゲル曲線が右上がりになる財を**上級財**，右下がりになる財を**下級財**と呼ぶ。つまり，所得が増えると需要も増えるのが上級財，所得が増えると需要が減るのが下級財。通常の財は一般に，上級財であると考えられる。

価格変化の効果→需要曲線の導出

　所得水準が変化することなくビールの価格だけが下がると，予算制約線は横軸切片だけが右側に移動し傾斜は緩くなる。この結果，最適消費ポイントは右図のように移動する（$p_1 > p_1'$）。この軌跡は「**価格−消費曲線**」と呼ばれ，価格変化と各財の最適消費量の変化の関係を示している。

図9　価格−消費曲線

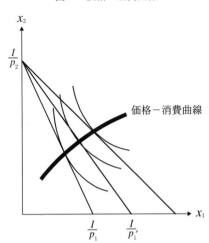

　そして，ビールの価格変化に対する，ビール自身の最適消費量の変化を表わしてやると，それはもはやビールにかんする**「個別需要曲線」**が得られたことになる。

　さらに，ビールの個別需要曲線を，このＡさんだけでなく，すべての消費者について単純に集計することによってビールの**「市場需要曲線」**が得られる。

　このＡさんの場合は，ビールの価格下落により，ビール自身の消費量が増え，ついでにおつまみの消費量も増えるような消費計画に移行するようなケース（右下がりの需要曲線）である。

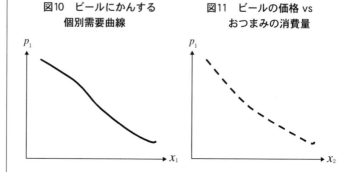

図10　ビールにかんする
　　　個別需要曲線

図11　ビールの価格 vs
　　　おつまみの消費量

　しかし，いつもこうだとはかぎらない。

代替効果と所得効果

　ビールの価格が下落した結果，ビールの需要が増えるのは，

① 　ビールに対して支払うべき分が減少した，つまり実質所得が増加した（＝**所得効果**）

② 　おつまみに比べてビールが割安になり求めやすくなった（＝**代替効果**）

これら２つの効果があったと考えられる。

　いっぱんに，ある財の価格下落による②の代替効果はつねに

当該財の需要を増やすものであるが，①の所得効果のほうは当該財が上級財であれば当該財の需要を増やすのに対し，当該財が下級財であれば当該財の需要を逆に減らすはずである。

　したがって，上級財の場合には，価格変化に対し需要はつねに反対の方向で変化する（需要曲線が右下がりになる）が，下級財の場合には，価格変化とつねに反対方向に作用する代替効果と，価格変化と同じ方向に作用する所得効果とで，どちらが大きいかによって，需要の変化の仕方が左右される。

　所得効果と代替効果の数式による厳密な分割はスルツキー方程式，$\dfrac{dx_1}{dp_1}=\dfrac{dx_1^M}{dp_1}-\dfrac{dx_1}{dI}x_1$により示される。ただし，$x_1^M$は効用を一定に保つよう所得を補償した上で相対価格変化による需要の変化を表わす補償需要関数，$\dfrac{dx_1^M}{dp_1}<0$は代替効果，$\dfrac{dx_1}{dI}x_1$は実質所得の変化による需要の変化＝所得効果をそれぞれ表わす。

図12　所得効果と代替効果

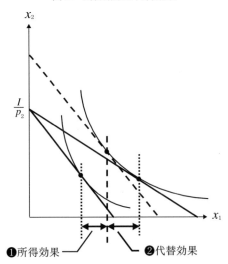

●所得効果　　　　　●代替効果

表2　ビールの価格が下がったときのビールの需要に対する効果

↑：需要量が増える，↓：需要量が減る

ビールの財としての性質	代替効果＝S	所得効果＝I	最終的な効果＝S＋I
Ⅰ　下級財（S＜I）	↑	↓	↓
Ⅱ　下級財（S＞I）	↑	↓	↑
Ⅲ　上級財	↑	↑	↑

　これより，財に対する需要曲線は，財が上級財であればかならず右下がりになる。

また，Ⅰの性質をもつ財は「**ギッフェン財（R. Giffen）**」と呼ばれ，需要曲線は右下がりでない部分をもつ。したがって，

財に対する需要曲線は，財がギッフェン財でないかぎり，かならず右下がりになる

ということができる。

粗代替財と粗補完財

ビールの価格が下がったとき，おつまみの需要が

①減少するならおつまみはビールの「**粗代替財**」

②増加するならおつまみはビールの「**粗補完財**」，

という。

参考 ：効用極大化の数学的条件（数学嫌いの方は是非とも無視されたし）

効用関数（2財モデル），$u = u(x_1, x_2)$ の同一等高線（無差別曲線）上では，x_1 方向の効用の変化と x_2 方向の効用の変化の合計（＝全微分）はゼロだから，

$$\frac{\partial u}{\partial x_1} dx_1 + \frac{\partial u}{\partial x_1} dx_2 = 0 \text{ または } u_1 dx_1 + u_2 dx_2 = 0$$

$$\therefore -\frac{dx_2}{dx_1} = \frac{u_1}{u_2} : -(無差別曲線の接線の勾配) ＝「限界代替率（限界効用比）」$$

ここで，限界代替率 $\left(-\dfrac{dx_2}{dx_1}\right)$ は，

$$\frac{d\left(\dfrac{u_1}{u_2}\right)}{dx_1} = \frac{\dfrac{du_1}{dx_1} u_2 - u_1 \dfrac{du_2}{dx_1}}{u_2{}^2} = \frac{u_{11} u_2{}^2 - u_{12} u_1 u_2 - u_{21} u_1 u_2 + u_{22} u_1{}^2}{u_2{}^3}$$

$$\left(\because \frac{du_1}{dx_1} = u_{11} - u_{12}\frac{u_1}{u_2}, \ \frac{du_2}{dx_1} = u_{21} - u_{22}\frac{u_1}{u_2} \right)$$

であるから，$u_{11} u_2{}^2 - u_{12} u_1 u_2 - u_{21} u_1 u_2 + u_{22} u_1{}^2 < 0$ のとき，つまり，

$$H = \begin{vmatrix} 0 & u_1 & u_2 \\ u_1 & u_{11} & u_{12} \\ u_2 & u_{21} & u_{22} \end{vmatrix} > 0 \text{ のとき，} x_1 \text{の増加とともに逓減する。}$$

したがって，条件付き極大化の2階の条件＝「縁付きヘッセ行列式が負値定符号をもつ」は，効用関数の等高線（無差別曲線）が原点に対して凸である（＝効用関数が強い

準凹関数である）ことと同じである。そこで，「限界代替率の逓減」を前提とする。このとき，予算制約，

$$p_1 x_1 + p_2 x_2 = I$$

のもとでの効用極大化の１階の条件（ラグランジュ乗数法）は

$$\frac{u_1}{u_2} = \frac{p_1}{p_2}$$

よって，限界代替率が価格比に一致すれば効用はかならず極大になっている。

2　生産者行動への拡張

　さしあたって，消費者行動理論で学んだ知識からのアナロジーだけで生産者行動理論を考えてみよう。この部分はやや難解な数学を使用しているので，読み飛ばして，続く<u>短期と長期</u>から入ってもいっこうにかまわない。

　プライス・テイカー（後述）としての企業行動は，「与えられた生産の技術的関係（生産関数）を制約条件とし，このもとで利潤を極大化するように投入の組み合わせを選ぶもの」と単純化して考えることにする。

　ここでは，効用を極大化しない消費者は消費者と呼ばないのと同様に，利潤を極大化しないような企業は企業とは呼ばない。

生 産 関 数

　資本 K と労働 L（ともに数量を表わす）を投入してただ１種類の生産物を生産している企業を想定する（２生産要素，１生産物モデル）。投入量 K, L と産出量 x のあいだの技術的関係として生産関数，

$$x = F(K, L) \tag{1}$$

この生産関数は，ひどく大雑把な言い方をすると，「生産量（＝販売量）は，機械の台数と従業員の数で決まる」ということを表わしているだけ。

が与えられている。

その形状は次の（図1）およびその横断面の切り口として2次元で表わした（図2）と同様に描かれるものとする。

図13　生産関数

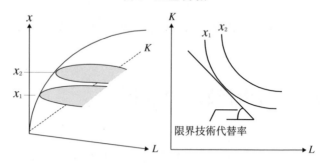

限界技術代替率

生産関数(1)の同一等高線（等産出量曲線）上で施した全微分の値はゼロだから，

$$\frac{\partial x}{\partial K}\,dK + \frac{\partial x}{\partial L}\,dL = 0 \ \text{or}\ F_K dK + F_L dL = 0$$

$$\therefore -\frac{dL}{dK} = \frac{F_K}{F_L} : -（等産出量曲線の接線の勾配）$$

$$=「限界技術代替率（限界生産力の比）」$$

$\dfrac{\partial x}{\partial K}$ や $\dfrac{\partial x}{\partial L}$ で示される限界生産力とは，資本や労働を1単位変化させたときに生産がどれだけ変化するか，その割合を表わしている。

たとえば，ひどく大ざっぱな言い方をするなら，「社員を1人よけいに雇った場合にそいつがどれだけ生産や販売に貢献するか」を表わすのが「労働の限界生産力 $\dfrac{\partial x}{\partial L}$」，「機械を1台導入

ここで，限界技術代替率 $\left(-\dfrac{dL}{dK}\right)$ は，

$$\frac{d\left(\frac{F_K}{F_L}\right)}{dK}$$
$$=\frac{\frac{dF_K}{dK}F_L - F_K\frac{dF_L}{dL}}{F_L{}^2}$$
$$=\frac{F_{KK}F_L{}^2 - 2F_{KL}F_KF_L + F_{LL}F_K{}^2}{F_L{}^3}$$

であるから，$F_{KK}F_L{}^2 - 2F_{KL}F_KF_L + F_{LL}F_K{}^2 < 0$ のとき，つまり，

$$H=\begin{vmatrix}0 & F_K & F_L\\ F_K & F_{KK} & F_{KL}\\ F_L & F_{KL} & F_{LL}\end{vmatrix}$$

>0のとき，Kの増加とともに逓減する。

したらそのおかげで生産や販売がどれだけ増えるか」を表わすのは「資本の限界生産力$\dfrac{\partial x}{\partial K}$」。

したがって，等産出量曲線が原点に対して凸であるような生産関数を描くということは「限界技術代替率の逓減」を前提としていることになる。

利潤の極大化

このとき企業の利潤 Π は，生産物価格を p，資本のレンタル料を r，賃金を w として

$$\Pi(K, L) = pF(K, L) - rK - wL$$

と表わされるから，これが極大になるための 1 階の条件を求めると（ラグランジュ未定乗数法でいえば，制約条件：$x = F(K, L)$ のもとでラグランジュ関数：$\Lambda(K, L) = px - rK - wL$ を極大化する問題とみなすことができる），

$$pF_K(K, L) = r$$
$$pF_L(K, L) = w$$

となる。すなわち限界生産物の価値が生産要素価格に一致すれば利潤は極大になっていることになる（＝**分配の限界生産力説**）

しかしながら，この極大化行動の結果から直接的に企業の個別供給曲線を導くことはできない。いまのところ，これを長期における一般的な極大化行動と位置付けておくことにする。

短期と長期

生産要素の投入量をどこまで変えること（調整）ができるか？

⇩

したがって「縁付きヘッセ行列式が負値定符号をもつ」＝条件付き極大化 2 階の条件は，生産関数(1)の等高線（等産出量曲線）が原点に対して凸である（＝(1)が強い準凹関数である）ことと同じである。

機械を 1 台追加投入したときに得られる売上額の増加分が機械のレンタル料に一致し，労働者を 1 人余計に雇ったときに得られる売上額の増加分が賃金に一致すること。

機械や工場を含むすべての生産要素の調整が可能な期間：「**長期**」

労働や原材料といった一部の生産要素の調整しかできない期間：「**短期**」

そこで，企業行動を分析するにあたっては，長期と短期の区別が重要になる。

短期の極大化行動においては，長期においてのみ調整が可能な資本や土地といった生産要素は「固定的投入物」としてその数量を一定と考える。そして，短期において調整が可能な「可変的生産要素」の最適投入量を決定するものとする（ここでは労働だけがその対象だと考える）。

一方，長期の極大化行動においては，すべての生産要素が可変的投入物であり，固定的生産要素は原則として存在しないと考える。

市場の競争条件

生産物を販売する市場が完全に競争的である場合と独占や寡占が存在する場合とでは，企業の最適な行動も異なってくる。

「**完全競争**」市場には十分にたくさんの企業がひしめき合っている。そのどの企業も市場占有率（シェア）はゼロに近く，したがってみずからの生産物の価格を決定するだけの力をもたない。価格は全企業の生産量と全消費者の需要量が決まったときにはじめて市場において決められる。つまり，完全競争市場におけるすべての企業にとって価格は所与であって変えることのできないものであると考える（「**プライス・テイカー**」の仮定）。

この，価格を与件と考えうることこそが完全競争市場の分析をもっとも容易なものにしている所以である。消費者についても生産者についても，ごく単線的な極大化行動を定式化しさえすればそれでよい（企業数 $n = +\infty$）。

　これに対し，1社が100％のシェアをもつ，たとえば地方に
おける電力市場のような「**完全独占**」のケースでは，企業は価
格に対して決定的な支配力をもつ（「**プライス・リーダー**」の
仮定）。

　完全独占市場の分析は単線的な極大化行動として捉えること
ができる点で，完全競争市場の場合と同じように容易である
（企業数 $n = 1$）。

　しかし，特定の数社で合わせて100％を占める，日本の自動
車市場やビール市場のような「**寡占**」のケースは厄介である。
各企業はシェアに応じた自らの価格支配力と相談しつつ，相手
の出方を窺いながら，戦略的に動かざるをえず，自分のことだ
けを考えた単線的な極大化行動はとれない。

　寡占市場の分析はひどく難問であるが，残念ながらこうした，
完全競争と完全独占とのあいだに存在する任意の不完全競争状
態こそが現実である。この難問にはゲーム理論をもってすれば
多少なりとも太刀打ちできる（企業数 $n = 2, 3, 4, \ldots$）。

　そんなわけで，分析はもっとも扱いやすい完全競争のケース
からスタートし，厄介な寡占市場については，後回しにするの
が慣例になっている。

3　完全競争市場における短期の企業行動 (1) 利潤極大化行動

　以下では，労働のみが唯一の可変的投入物であり，機械や工場プラントをはじめ他のすべての生産要素が固定的投入物として一定とみなしうるような短期における企業行動を，完全競争の仮定のもとで考えよう。

短期の生産関数

　資本の投入量を$K=\overline{K}$として固定した生産関数，

$$x = f(L,\ \overline{K}) \qquad\qquad (2)$$

が与えられているとしよう。

　この(2)はもはや1変数関数なので，はじめから2次元で表わすことができ，(図14) のような上に凸の曲線として描かれるものとする。

　生産関数が上方に凸になっているということはこの場合，接線の傾きである$\dfrac{\Delta x}{\Delta L}=f'(L)$ の値，すなわち労働の限界生産力が，労働投入の増加にしたがって当初は大きくなっていくが，ある投入量を越えるとだんだん小さくなっていくことを意味する。つまり，そこそこの生産規模になると，労働者を1人増員することのうまみがしだいに小さくなるという設定になっている（「**限界生産力逓減**」）。

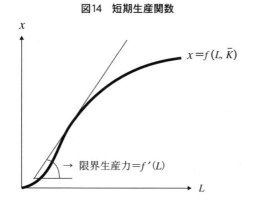

図14　短期生産関数

可変費用曲線の導出

　生産関数の逆関数を用いることによって，ただちに企業にとっての可変的生産要素にかんする費用を，生産量の関数として表わすことができる。

　いま可変的生産要素 L の価格（賃金率）を w としよう。企業はプライス・テイカーであるからこの w も与件である。すると雇用水準が L のときの可変費用は wL で表わされることになる。

　次頁の（図15）は（図16）の生産関数の縦軸と横軸とを入れ替えたものである。

　つまり，

$$L = g(x) \tag{3}$$

という関数を想定する。これは，「ある生産水準 x に対して，それを生産するのに最低限必要な可変的生産要素 L の水準とのあいだの関数関係」を表わしている。

　生産関数とは逆に，（図15）の場合は曲線の下側の組み合わせを選択することはできない。つまり，曲線上の点は，「ある

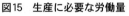

図15　生産に必要な労働量

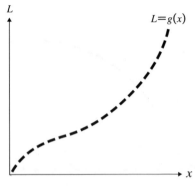

図16　可変費用曲線 *VC* の導出

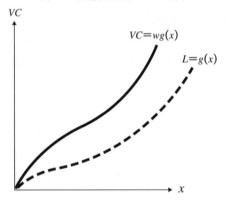

水準の生産量を達成するのに最低限必要な生産要素と生産量の
組み合わせ」を表わしている。

　なお，（図15）においてはその導出過程から当然であるが，
接線の傾きが限界生産力の逆数になっていることに注目する必
要がある。

　そこで，求める可変費用関数 *VC* は

$$VC = wL = wg(x) \tag{4}$$

として与えられる。

　この(4)式は，（図15）の曲線を縦軸方向に *w* 倍すれば各生産

水準に対応させた可変費用曲線が得られることを示している。
つまり，可変費用曲線は，生産関数を45度線で対称に折り返し
てw倍したものであり，したがって，その形状はもとの生産関
数の形状と賃金率の水準に依存する（図16）。

　可変費用曲線においてはあきらかに，

　　（接線の傾き）＝（限界生産力の逆数）×（賃金率）

の関係が成立している。つまり，1単位の生産の増加には（限
界生産力の逆数×賃金）分の費用が必要ということになる。こ
の**可変費用曲線の接線の傾き**で示される，1単位の生産の増加
に必要な費用のことを「**限界費用MC**」という。

総費用曲線の導出

　短期においても可変費用のほかに，固定的投入物にともなう
費用＝固定費用がかかる。長期の場合とちがって新規投資（機
械設備等の追加）を行なって生産規模を拡大したりすることは
できないが，減価償却費，利子費用，資本支出費といった経常
的な費用はかかってくる。

　そして，こうした費用は生産規模から独立とみなすことがで
き，短期の固定費用を構成する。資本1単位あたりにかかるこ
れらの費用の合計をrで示すことにすると，固定費用の総額
FCは

　　　$FC=r\overline{K}\mid_{const.}$　　　　　　　　　　　　　　(5)

で表わされる。

　したがって，短期における企業にとっての費用の総額－短期
総費用TCは，

　　　$TC=VC+FC=wg(y)+r\overline{K}$　　　　　　　　(6)

と書くことができる。

減価償却費：費用と
して計上した機械の
年々の消耗分のこと。
機械が寿命を迎える時
点でその累積額は機械
の購入費用に相当する。
　利子費用：借入で導
入した機械については
その利子支払分のこと。
自己資金による導入の
場合，その資金を他の
投資に回したとしたら
得られるはずだった利
益を放棄した分として
の「機会費用」を意味
する。
　資本支出：機械の維
持・修繕に要する費用
のこと。

69

この総費用を図示すると（図17）のとおりである。（図16）の可変費用曲線を縦軸方向に FC の分だけシフトさせたものが総費用曲線となっている。

図中の可変費用関数と総費用関数はともに生産関数に基づいており，両者はまったく同じ形状をしていることに注目すべきである。

図17　総費用曲線 TC の導出

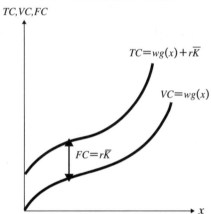

利潤極大化行動と限界費用

利潤の極大化が企業の目的であるとすると，問題は利潤が極大化するような生産量ないしは生産要素投入量をいかに決定するかである（ただし，生産要素が1種類しかない短期の場合には生産量の決定は同時に生産要素投入量の決定でもある）。

いま，利潤 $\varPi$ は

$$（利潤 \varPi）＝（総収入 TR）－（総費用 TC）$$

で定義されるが，このうちは総費用 TC はすでに x の関数として規定されている。

　総収入 *TR* については，生産した財はすべて販売可能であると仮定すると，

　　　（総収入*TR*）＝（生産物価格 p ）×（生産量 x ）

であるから，所与の価格 p のもとで総収入 *TR* もまた x の関数である。

　したがって，原点を通る傾き p の直線として総収入曲線を総費用曲線と同一の座標軸上に示すことができる（図18）。

図18　利潤の極大化

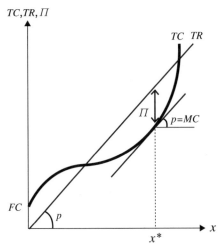

　これで利潤 *Π* を生産量 x に関係づけることができたわけである。

　そこで，利潤極大化をはかる企業は，（図18）の *TR* 直線と *TC* 曲線の縦軸方向の差が最大になるところで生産量を決定することになる。

　この「差」が最大になるのは，*TC* 曲線の接線の傾きが *TR* 直線の傾き p に一致するところである。

　TC 曲線の接線の傾きは，「生産量を1単位増加させたときにかかる総費用，ないしは可変費用の増加分（固定費用に変化は

短期の利潤関数
$\Pi(L, \overline{K}) = pf(L, \overline{K})$
$\qquad - wL - r\overline{K}$
より，これが極大になるための1階の条件を求めると
$pf'(L, \overline{K}) = w$

71

ない）」，すなわち限界費用 MC にほかならない。

そして，価格は「生産量を1単位増加させたときに得られる収入の増加分＝限界収入 MR」でもあるから，利潤極大化の条件は結局，

（限界収入MR）＝（限界費用MC）

として定式化することができる。

なお，この条件の代わりに，

（価格 p ）＝（限界費用MC）

としてもよいのは，価格が限界収入と一致する完全競争のケースのみであること，さらにはこの利潤極大化の条件は必要条件であって十分条件ではないことに注意を要する。

or

$$p = \frac{w}{f'(L, \overline{K})}$$

であるが，これは結局，

$$（価格）=\frac{（賃金率）}{（限界生産力）}=（限界費用）$$

の関係を示している。

4　完全競争市場における短期の企業行動 ⑵ 供給曲線の導出

　ここまでの議論から，プライス・テイカーとしての企業は短期的には，

> **価格（＝限界収入）が限界費用に等しいところで生産量を決定する**

ことがわかった。

　総費用曲線ないしは可変費用曲線の接線の勾配で表わされる限界費用は，もちろん x の関数である。

供給曲線としての限界費用曲線

　（図18）からあきらかなように，限界費用は生産量がゼロから増加するにしたがってしばらくは逓減するが，まもなく生産量とともに逓増していく。もちろんこのことはもとの生産関数⑵の形状に起因している。

　x の関数としての限界費用曲線は（図19）の MC のように描くことができる。

　そして，ある価格が市場で与えられるとその価格と限界費用が一致するように生産量を決定するというのが企業の極大化行動であったわけだから，水平な直線で示される所与の市場価格の水準 $\hat{p}$ が限界費用曲線 MC と交わるところの生産量 $\hat{x}$ が企業の利潤を極大化する生産レベルということになる。

図19　供給曲線としての限界費用曲線*MC*

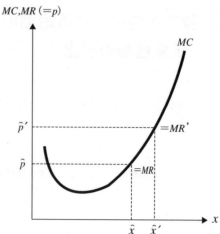

これより，市場で与えられる価格がかりにもっと高い，$\hat{p}$'のような水準であれば，極大利潤をもたらす $\hat{x}$ 生産量もより高い $\hat{x}$'という水準になる。

つまり，この限界費用曲線は，与えられる市場価格が十分に高い範囲においては，市場価格のさまざまな水準に対する最適な生産水準の対応関係を示した「**供給曲線**」そのものになっている。

ところが，ある水準以下の価格が与えられた場合，限界費用をこれに一致させるような生産水準では，総費用をカバーするだけの総収入が得られなくなるかもしれない。

つまり，**極大化された利潤はかならずしも正であるとはかぎらない**のである。

これには不変の費用である固定費用の存在が大きく影響している。固定費用も含めた総費用の水準が生産量1単位あたりでみて限界費用より高くなっていれば，利潤はマイナスになっているはず。そうなると価格と限界費用の一致するところでの生

産は，企業にとって利潤を極大化する行動ではあっても最適な
行動ではないことになる。

　これが，**限界費用曲線を供給曲線と完全に同一視することは
できない**背景である。

　こうした問題をクリアして完全なる供給曲線を導出するため
には，このような負の利潤を生じるような生産水準を企業が選
択するかどうか，操業を停止するかどうかといった判断を含め
て，平均レベルでとらえた費用について立ち入った考察が必要
になってくる。

平均費用曲線と平均可変費用曲線

　利潤極大化行動の結果，価格に一致させられた限界費用に，
対応する生産量を乗じた総収入が，同じ生産量のもとで必要な
総費用を上回るか下回るかは，その生産量 1 単位当たりの費用
つまり「**平均費用**」を限界費用（＝価格）が上回っているかど
うかにかかっている。

　以下でこの平均費用と限界費用との関係をみてみることにし
よう。

　次の（図20）は，先の（図18）の総費用曲線から限界費用曲
線 *MC*，平均費用曲線 *AC*，平均可変費用曲線 *AVC* が描出され
る様子を表わしたものである。

　ある生産量のもとでの平均費用とは，そのときの総費用をそ
の生産量で割った値であるから，**総費用曲線上の対応する点か
ら原点に引いた直線の勾配の大きさ**で表わされる。

　この平均費用曲線 *AC* は，総費用曲線の形状から，生産量の
増加にともなって最初減少し，（図20上）の *E* 点で最小になっ
たあとは増加に転じることがわかる。

75

図20　平均費用，平均可変費用，限界費用

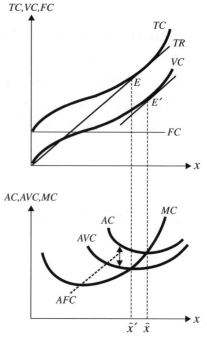

平均費用と平均可変費用の極小値が限界費用に一致する様子は以下のような簡単な微分法によっても確認することができる。

$AC'(x)$

$= \left(\dfrac{VC(x) + FC}{x} \right)'$

$= \dfrac{wg'(x)x - (VC(x) + FC)}{x^2}$

$= 0$ であれば，

$wg'(x) = \dfrac{VC(x) + FC}{x}$,

つまり，

$MC(x) = AC(x)$

また，

$AVC'(x)$

$= \left(\dfrac{VC(x)}{x} \right)'$

$= \dfrac{wg'(x)x - VC(x)}{x^2}$

$= 0$ であれば，

$wg'(x) = \dfrac{VC(x)}{x}$,

つまり，

$MC(x) = AVC(x)$

この E 点では，原点へ引いた直線はこの点における接線でもあるので，平均費用が限界費用に一致していることになる。

平均可変費用 AVC についても同様であるが平均固定費用 AFC の分だけ左に寄ったE'点のところで最小値をとり，限界費用に等しくなる。

つまり，平均費用も平均可変費用もともに，それぞれの最小値をもたらす生産量のところで限界費用と一致するというわけである。

つねに一定の固定費用については，平均で計ると生産量の増加とともに単調に減少していくので，平均費用曲線と平均可変費用曲線の差はしだいに縮まっていく。

なお，「平均－」の概念はすべて，ゼロの生産量については

定義されないという点に注意する必要がある。

損益分岐点と操業中止点

　価格に限界費用を一致させて極大化した利潤が正になるか負になるかのちがいは，次の（図21）および（図22）に示されるように，長方形の面積でみるとわかりやすい。

　価格水準が $\hat{p}$ のとき，総収入：面積 $(O\hat{p}A\hat{x})$，総費用：$(OCB\hat{x})$ 面積，したがって利潤：面積 $(C\hat{p}AB)$ は正となるので，$\hat{x}$ がそのまま企業の供給水準となる（図21）。

図21　正の利潤をもたらす価格

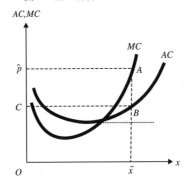

図22　負の利潤をもたらす価格

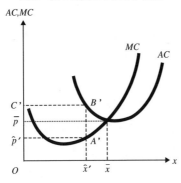

　次に，価格水準が $\hat{p}'$ のときには，総収入：面積（$O\hat{p}'A'\hat{x}'$），総費用：面積（$OC'B'\hat{x}'$），したがって利潤：面積（$C'\hat{p}'A'B'$）は負となるので，企業が $\hat{x}'$ の水準で供給を行なえば損失を被ることになる（図22）。

　したがって，市場で与えられる価格が図中の $\hat{p}$ のような水準，すなわち平均費用の極小値に対応した水準（もちろんこれは限界費用に等しい）にあるとき，企業は「**損益分岐点**」に立たされていることになる。

　では，市場で損益分岐点以下の価格が与えられたとき，企業は赤字をかかえているわけだから，ただちに生産を中止したほうがよいかといえば，かならずしもそうではない。

　可変費用は操業を中止すれば払わなくてもよいコストである（**VC**曲線は原点を通っている）が，金利の支払いや家賃といった固定費用は操業をやめてもなおかかってくるコストである。赤字をかかえた商店主が月々のローンの返済分だけでもと考えて店をたたまない状況—この考え方はこうである；市場価格が平均可変費用を上回っているかぎり，生産（販売）活動を行なって得られる売り上げは可変費用を上回ることになり，その分が固定費用の支払いの一部をまかなう結果，マイナスの利潤の絶対値を小さくする，つまり赤字削減につながるというわけである。

　ところが，市場価格が逆に平均可変費用を下回ってしまうと，生産活動の続行はこんどは赤字を累積させるだけである。

　かくして，その境界，すなわち操業を続行しても中止してもどちらでも同じという生産水準のことを「**操業中止点**」という。

　（図23）の点 S で示される「操業中止点においては，限界費用＝価格（操業中止価格 p_s）となる生産水準で操業すれば，収入がぴったり可変費用の分をカバーし，損失分はちょうど固定

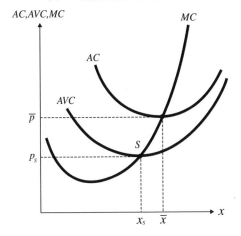

図23　損益分岐点と操業中止点

利潤関数
$$\Pi(L,K)$$
$$=pf(L,\overline{K})-wL-r\overline{K}$$
にしたがう企業に，p
$=MC$に対応する生産
量$\overline{x}$のもとで赤字が発
生し，
$$\Pi(\overline{x})=p\overline{x}-wg(\overline{x})$$
$$-PC<0$$
が成立しているとしよ
う。このとき，操業を
続行したほうがよいか
どうか，すなわち
$$\Pi(\overline{x})>\Pi(0)=-FC$$
となるかどうかは，
$$p\overline{x}-wg(\overline{x})-FC>$$
$$-FC,$$
$$p>\frac{wg(\overline{x})}{\overline{x}}$$
　つまり，価格（＝限
界費用）が平均可変費
用分以上をカバーして
いるかどうかにかかっ
ていることがわかる。

費用の大きさに等しくなっている。

　要するに，赤字を出していても，売上げで従業員の給料が払
えるうちは，店をたたまないほうがかしこい，ということであ
る。

個別供給曲線，市場供給曲線の導出

　企業は操業中止価格 p_s を下回る価格水準のもとでは供給を
行なわないことが確認できたいま，あらゆる非負の価格に対応
する個別企業の短期供給曲線を，（図24）の太線のように描く
ことができる。

　そして，これを市場にする存在する全企業について横軸方向
に集計して得られるのが「**市場供給曲線**」である。

　市場供給曲線はこの集計手続きを経ることにより，個別企業
の場合に存在した不連続部分は消え，なだらかな右上がりの曲
線になるものと考えられる。

79

図24　短期個別供給曲線

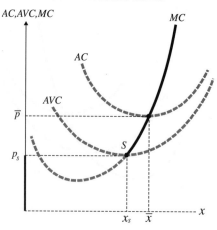

練習問題
1

　次表は，完全に競争的な市場にある，某菓子製造販売メーカーの短期の生産メニューである。この企業について，以下の設問1）～6）に数値で答えなさい。製品の生産ロットは10単位ベース。

生産量 =販売量	30	40	50	60	70	80	90	100	110
可変費用	180	220	240	270	350	420	570	780	920
平均費用	20.0	16.0	13.2	11.5	11.0	10.5	11.0	12.0	15.0
限界費用	4.0	3.5	4.0	4.5	6.0	10.5	16.0	24.0	39.0

1） 生産水準110で操業しているときの限界収入

2） 固定費用の大きさ

3） 当該製品の市場価格が16のときの利潤

4） 損益が分岐する生産量

5） 当該製品の市場価格が6のときの生産量

6） 操業中止点に相当する市場価格の水準

5　完全競争市場における長期の企業行動

　これまで,「可変的投入物が1つしかない」という条件に特徴づけられるケース－「短期」における企業行動を分析し, そこから短期の供給曲線を導出した。こんどは,「可変的投入物が2つ以上あり」,「**固定的投入物が存在しない**」ケース－「長期」において同様の議論を展開してみよう。

最適な生産要素投入量の決定

　長期の企業行動を分析するにあたっては, 先の1. 準備のところで, 労働に加えて資本も可変的な生産要素である場合の利潤極大化行動から導かれる,「限界生産物の価値が生産要素価格に一致する」という条件がきわめて重要になってくる。ただし, これはかならずしも企業の一義的な「最適化行動」ではない。

　最適化にあたって, 企業の直面しうる状況の可能性として,

❶　なんの制約もなく利潤極大化だけを考えればよい＝制約条件なしの利潤極大化問題

❷　与えられた資金の範囲内で生産量を最大化しなければならない＝費用制約付きの生産量極大化問題

❸　定められた生産量を達成するための費用を最小化しなければならない＝生産量制約付きの費用極小化問題

の3つのケースが考えられる。

　これらが導く最適な技術の選択, つまり最適な生産要素投入量の組み合わせは同じではない。Chapter 1. 準備で扱ったの

　なお,「ラグランジュ未定乗数法」によれば, ❶からはすでにみたように「限界生産物の価値と生産要素価格との均等」が, ❷と❸からはともに「限界技術代替率（＝限界生産力比率）と生産要素価格比率の均等」がそれぞれ1階の条件として得られることがわかっている。
　それぞれのラグランジュ関数は以下のように定式化される。
❶ $\Lambda(K,L)=pF(K,L)-rK-wL$ を極大化

81

❷ $\Lambda(K,L,\lambda)=F(K,L)$ $+\lambda(rK+wL-\overline{C})$ を極大化
❸ $\Lambda(K,L,\lambda)=rK$ $+wL-\lambda(F(K,L)$ $-\overline{x})$ を極小化
　ただし，1次同次の生産関数について❶の問題を解けば，生産要素投入量の比率だけが定まり，絶対水準は決定しない。また，❷と❸では，同一の均等関係であっても，それを費用関数に代入して得られる最適な投入の組み合せと生産関数に代入して得られるそれとが同じになる保証はない。

はもちろん3つのうちの❶のケースである。また，需要曲線を導出する際に，最適化行動の指針とした「予算制約のもとでの効用極大化問題」は，あきらかに❷とまったく同じ問題である。しかしながら，ここでの関心事が，長期における最適な技術選択の観点から長期費用関数を導き，価格と限界費用の均等から長期供給曲線を導出するというシナリオに沿ったものであるとすると，❸の「生産量制約付きの費用極小化問題」がもっとも好都合であるとおもわれる。

拡張経路と費用曲線

　与えられた生産水準 $\overline{x}$ のもとで費用 $C=rK+wL$ が極小化される様子を表わしたのが（図25）である。

図25　拡 張 経 路

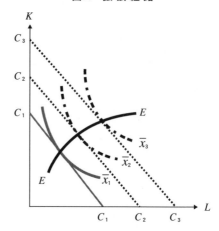

　生産水準が $x=\dfrac{\overline{x}_1}{x_1}$ のときの極小費用は費用線 C_1C_1 で示され，最適投入量の組合せはその接点で与えられる。

　もちろんこのとき，費用線の傾き $-\dfrac{w}{r}$ は，限界技術代替率

$-\dfrac{dL}{dK}$に一致している。

これより，与えられる生産水準を x，$\bar{x}\cdots$ と増やしていくにしたがい，極小費用を実現する投入の組み合せは図中 EE のような軌跡を描くものと考えられる。

これは「**拡張経路**」と呼ばれるもので，各生産水準に対応した長期の最小費用を表わしている。つまり，「長期費用曲線」がここに得られたことになる。

短期費用曲線の包絡線としての長期費用曲線

短期の費用曲線は，「ある大きさの固定設備のもとで，その**固定費用を縦軸切片として１本描かれるもの**」であった。

ある大きさの固定設備で生産していた状態から，固定設備を増やしたり，より大型化した状態へ移行したとしよう。

こうした設備の増強は，低い生産水準においては増強前より総費用がかさむが，生産水準が高くなってくると逆に増強前より総費用は少なくてすむようになると考えられる。

このため，異なる固定設備の水準に対応した短期費用曲線（STC）を１本づつ描けば，それらは（図26）のように互いに交わることになる。

つまり，さまざまな生産レベルにおいて，もっとも費用の小さい生産方法を求めるなら，固定設備の大きさ（$=SFC_i$）を，その「生産レベルにみあった」総費用が最小になるような水準に合わせていく必要がある。そしてそれは，拡張経路で示された，**長期の費用を最小にする固定設備の投入量**（もはや固定ではないが）にほかならない。

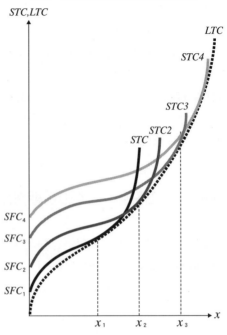

図26　短期費用曲線と長期費用曲線

したがって，長期における費用曲線（*LTC*）は，異なる固定費用のもとで描かれる無数の短期費用曲線（*STC*）の「**包絡線**」となる（図26）。

ここでは，*LTC*の接線のうちに x_2 おけるものだけが原点を通るように描かれていることに注意を要する。

長期平均費用と長期限界費用

長期においては固定費用が存在しないことから，長期の平均費用もまた，さまざまな生産水準におけるもっとも低い短期費用を結んだ軌跡であり，したがって，長期費用曲線が短期費用曲線の包絡線であったのとまったく同様に，長期平均費用曲線（*LAC*）も短期平均費用曲線（*SAC*）の包絡線となっているはずである（図27）。

図27　長期平均費用と長期限界費用

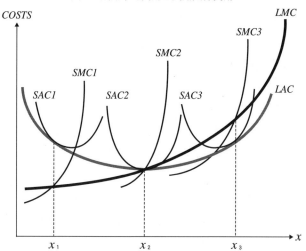

　そして，長期平均費用の最小値をもたらす生産水準では，短期平均費用もまた最小値をとる。

　一方，「各生産水準でもっとも低い短期（総）費用」の集合として描かれた長期費用曲線は，その短期費用が最小となる（固定設備の水準のときの）短期費用曲線の1本1本と接していることになる（図26）。言い換えると，長期費用曲線はそれらの接点の集合でもある。

　したがって，短期費用曲線の接線の傾きで表わされる短期限界費用は，長期費用曲線上のすべての点において，長期の限界費用と一致しているはずである。

　つまり，ある生産水準における長期の限界費用は，そのときの最小短期費用を実現する固定設備水準のもとでの短期限界費用に等しくなっている。

　すると，平均のタームでみると，長期限界費用曲線（*LMC*）は（図27）のように描くことができる。

　そして，長期限界費用曲線（*LMC*）はやはり，長期平均費用曲線（*LAC*）とその最小値で一致する。

長期供給曲線

　長期における利潤極大化行動もまた，与えられた市場価格に長期限界費用を一致させることであるから，長期限界費用曲線よりただちに長期個別供給曲線を描出することができる。

　ただし，長期の場合には，短期の場合に存在した固定費用のボトルネックがないので，操業中止点は考える必要はない。

　したがって，長期の個別供給曲線は損益分岐点のところで短期と同じような不連続部分をもつのみである（図28）。

図28　長期個別供給曲線

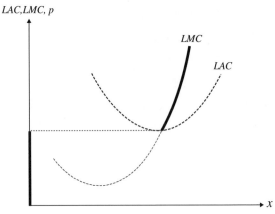

　そして短期の場合と同様に，長期個別供給曲線を市場に存在する企業数の分だけ集計すれば長期市場供給曲線が得られるかというと，そうはいかない。

　固定的生産要素の存在しない長期においては，ある産業内の既存企業が正の利潤を稼いでいるかぎり，同様の資本設備をも

つ新規企業の当該産業への**参入**が起こる。その結果，産業内の
すべての企業の長期利潤がゼロとなる均衡が達成される（図29）。

図29　個別企業と長期均衡(1)

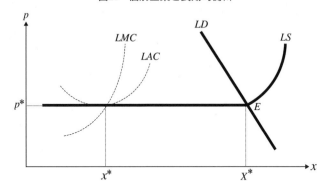

Chapter 3

完全競争市場における均衡

> 消費者行動理論より導かれる，ある一つの生産物にかんする市場需要曲線と，生産者行動理論により導かれる同じ生産物にかんする市場供給曲線とが，その生産物の市場において出会う。市場における均衡は当該生産物に対して唯一の価格，均衡価格を与える。プライス・テイカーたちはこの価格を甘受，それを与件としてそれぞれの最適化行動をしていたというわけである。

1　長期の市場均衡

　個別需要曲線と個別供給曲線（短期）を市場全体についてそれぞれ集計することによって得た「市場需要曲線」と「市場供給曲線」の交差が，市場における「均衡」をもたらす。

　しかしながら，長期における市場均衡を考えるにあたって，長期の個別供給曲線を市場全体について集計したものを「長期における市場供給曲線」とみなしてよいだろうか？

長期均衡価格

　長期においては，価格および供給量（＝需要量）に変化が起

こらない状態を**市場均衡**と考える。

　長期の個別供給曲線の水平和として得られる市場供給曲線の
もとで，全企業が正の長期利潤（通常利潤を越える超過利潤）
を稼得しているなら当該市場への新規**参入**が，また負の利潤を
発生する企業があれば**退出**が起こる。

　つまり，市場全体としての供給量は，個別企業がその長期限
界費用を一致させるべき市場価格の水準と，その長期平均費用
との大小関係によって増減していくものである。

　この長期限界費用と長期平均費用の一致，すなわち長期利潤
＝ゼロという状態（長期均衡）の背景は以下のとおりである。

　個別企業としてはまず，市場で需給一致の結果与えられた均
衡価格 p^* とみずからの長期限界費用が等しくなる生産量を選
ぶ。

　このとき，各企業の，短期的にみて最適な固定設備の水準の
もとでの短期供給曲線を，市場内の全企業について足しあげた
ものが短期市場供給曲線 SS である。

図30　個別企業と長期均衡(2)

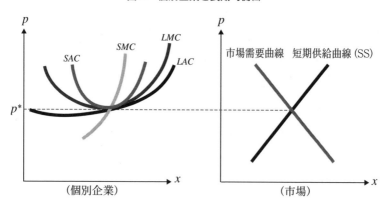

　その短期市場供給曲線と，与えられた市場需要曲線とは，個別企業の長期限界費用と長期平均費用が一致する，先の需給を一致させる均衡価格（＝長期均衡価格）p^*のところで交わるようになっている。もちろんこのとき，各企業の長期平均費用は最小になっている（図30）。

費用法則と長期供給曲線

　長期における，市場需要曲線に対して短期供給曲線が長期均衡価格 p^* のところで交わっている状態を想定しよう。

　これより，需要サイドがなにがしかの理由で刺激され，需要曲線 D が D' へと右側にシフトしたとする。すると，需給をクリアする均衡価格は p^{**} に上昇し，当該市場内の既存企業はただちに超過利潤を生じるようになる。

図31　費用法則と長期供給曲線

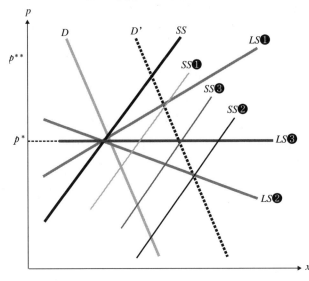

91

　かれらのなかには，この機は生産設備を増強したほうが有利との判断から個別供給曲線を右にシフトさせる企業が出てくる。これに，新たな利潤稼得の機会を求めての新規参入の効果も加わってくる。

　こうした短期市場供給曲線の右側へのシフトは，均衡価格の水準を超過利潤がゼロになるところまで押し下げる。

　この落ちつくべき均衡価格の水準が，需要変化の前の均衡価格 p^* と比べて高いか低いか，それとも同じか―これは当該市場ないしは産業の全体としての生産規模にかんする費用法則しだいである―によって，長期の市場供給曲線が右上りになるか，右下りになるか，それとも水平になるかが分かれる。

　すなわち，産業の生産規模の増加にともなって，

・費用が逓増していく場合（＝費用逓増産業）：*LS* は右上り
・費用が逓減していく場合（＝費用逓減産業）：*LS* は右下り
・費用が不変の場合（＝費用一定産業）：*LS* は水平

　たとえば，需要曲線の右側シフトが，劣悪な技術しかもたない企業の参入をも認めるようであれば，産業の平均費用が上昇し，長期均衡価格は需要変化以前よりも高い水準に落ちつく結果，長期供給曲線は右上りになる。

　また，生産規模の増大が環境の悪化をもたらし，その保全費用を企業が負担しなければならないようなケース（**外部不経済**）でも費用逓増，したがって長期供給曲線は右上りとなる。

　逆に，情報通信網の整備が経済全体にいきわたる結果として，企業全般の平均費用が低下するようであれば（**外部経済**），長期供給曲線を右下りにする可能性がでてくることになる。

均衡への調整

　価格ないしは数量が十分に伸縮的に変化しうるものであるとしても，ある均衡状態から与件の変化が生じて需要曲線ないしは供給曲線がシフトした場合，新たな均衡が達成されるかどうかという問題が残る。

　シフトによって発生した不均衡が瞬時に調整される場合を「（静学的）安定」，そうでない場合を「（静学的）不安定」と呼ぶが，この調整プロセスには「価格による調整＝ワルラス的調整」と「数量による調整＝マーシャル的調整」の２タイプがある。

(1) 価格は，超過需要が正のとき上昇し，負のとき下落する（＝ワルラス的調整）。

(2) 供給量は，需要者価格が供給者価格より高いとき増加し，低いとき減少する（＝マーシャル的調整）。

　これら２つの調整プロセスのどちらに従うかによって，均衡が安定になるか不安定的になるかが分かれる場合がある（需要曲線・供給曲線ともに右下りになる場合）。

練習問題 2

　需給均衡が，❶ワルラス安定でマーシャル不安定のケース，および❷ワルラス不安定でマーシャル安定のケースを，それぞれ１列ずつに図示せよ。

2　余剰分析

　分析対象を1つの生産物市場に限定し，そこでの与件の変化が及ぼす影響を調べる際に，その変化が他の生産物や生産要素との代替・補完の関係に対して中立的であるとみなす方法は「部分均衡分析」と呼ばれるもので，錯綜する相互依存関係に惑わされることなく，政策効果についてとりあえずの評価を下したい場合にはそれなりに有効である。

　ただし，これはあくまでも真空状態における理論であって，あらゆる因果関係に基づく撹乱と摩擦が交錯する現実にも充当する保証はまったくないという事実を肝に銘じる必要がある。

消費者余剰と生産者余剰

　ある市場において需給を一致させる均衡価格p^*が成立しているとしよう。この生産物の消費者のなかには，ほんとうはp^*ではなくて，もっと高い価格だったとしても一定量を購入してなおかつ効用を極大化しうる者もいるはずである。ところがかれは，実際にはそれよりも低いというp^*価格で購入できたわけだから，その差額の分だけ「儲かった」ことになる。

　こうした利益は，この市場需要曲線に均衡価格p^*よりも高い価格に対応する部分が存在するかぎり，消費者のだれかに帰すべき利益としてかならず存在する。

　市場の消費者全体が市場均衡を通じて得る，こうした「棚から…」の利益の総体を「消費者余剰」と呼ぶ。

　同じことが生産者サイド，供給曲線についてもいえる。つま

り，生産者のなかには，より低い価格でも一定量を供給して利潤を極大化できる者もいるはずである。生産者全体が市場均衡から得る利益は「生産者余剰」という。

そして，消費者余剰と生産者余剰の合計は「社会的余剰」と呼ばれ，課税を行なう場合など，政策効果を評価する場合の指標の一つとしてそれなりに有用な概念である。

課税の政策効果

特定の商品に「従量税（ガソリン税など）」を課す場合を考えてみよう。（図32）に示すように，課税前の時点で市場均衡が消費者単価 p^*，取引量 x^* のところ（需要曲線 D と短期供給曲線 SS の交点 E）で成立していたのが，単位あたり t 円の税を徴収することになったとしよう。

生産者がこの課税分を消費者価格に転嫁するとなれば，供給曲線は短期的に t の大きさだけ上方にシフトする（SSt）。すると，消費者単価，取引量ではもはや超過供給となり，消費者単価は p^{**} まで下落してはじめて均衡 E'（p^{**}，x^{**}）が成立する。

このときの消費者単価 p^{**} は課税前に比べて上昇しているのに対し，生産者単価 $p^{**}-t$ は課税前より下落している。

この課税の導入により，消費者余剰，生産者余剰はともに減少し，それぞれ，面積 X，面積 Y の大きさになるが，これに代わって政府には面積 T だけの税収が発生する。

この結果，経済全体の社会的余剰は面積 Z の分だけ減少することになる。この課税による社会的余剰の損失分は「**死荷重**」と呼ぶ。

長期的な効果に注目すると，課税前よりも低い生産者価格 $p^{**}-t$ は生産者の退出を引き起こすことになるから，当該産業

図32　課税の政策効果

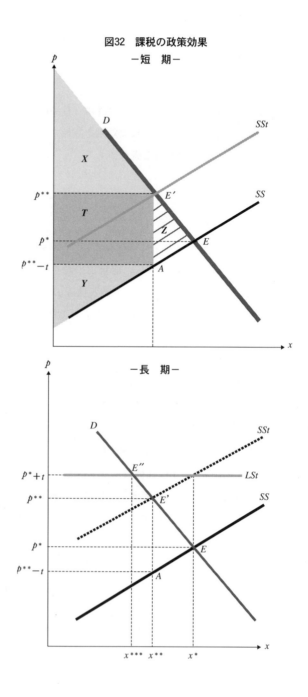

が費用一定産業だとすると，生産者価格は課税前の生産者単価
＝消費者単価 p^* に落ち着く。

このとき，消費者価格は $p^* + t$，取引量 x^{**} で長期均衡 E''
が成立することになる。これは，課税の負担が長期的にはすべ
て消費者サイドにかかることを意味している。

つまり，長期供給曲線が水平になる費用一定産業の場合，供
給サイドでは，退出という供給規模の調整によって課税のマイ
ナス効果が完全に相殺されてしまう結果，負担がすべて消費者
にまわるということである。反対に，長期供給曲線が垂直にな
る場合には課税の負担はすべて生産者にかかってくる。

さらに，同じ費用一定産業の場合でも，需要曲線の傾きに
よって消費者が負担する課税分が変わってくることは明らかで
ある。すなわち，当該商品の**需要の価格弾力性**が大きいほど需
要曲線の傾斜は緩くなり，課税の負担分は小さくなる。

需要の価格弾力性：価格の変化に反応して需要がどの程度変化するかを，変化率の比としてとらえた概念。いっぱんに，必需品ほど小さく，奢侈品ほど大きいと考えられる。

練習問題 3

この弾力性の違いによる課税負担のちがいに基づいて，す
べての財・サービスに課される消費税の負担分が，❶必需
品の消費割合の高い低所得者層の場合と，❷奢侈品の消費
割合の高い高所得者層の場合，とでどのように変わってく
るかをそれぞれ図示せよ。

3　厚生経済学の基本定理

> 　完全競争における均衡状態は，「資源が効率的に配分されている」という意味での理想郷であり，社会全体の経済的厚生（消費者余剰＋生産者余剰＋政府余剰）が最大化された状態である（「パレート最適」）。市場が完全に競争的であれば，政府は，税金と補助金の適当な組合せにより，任意のパレート最適な資源配分を実現することができる。

ボックス・ダイヤグラム

ボックスダイアグラムは，限界理論の数理的発展に貢献した，エッジワース Francis Edgeworth（1845–1926）が考案したもの。

　社会の構成員がAさんとBさんの2人しかいない経済を想定しよう。2人はともにX財，Y財という2種類の財を保有し，それを市場で自由に交換することができる。一方の無差別曲線を上下逆転させ，2本ずつ計4本の座標軸で長方形を作り，両者の無差別曲線の原点が互いに最も離れた対角線上にくるよう配したものを**ボックス・ダイヤグラム**と呼ぶ（図33）。

　図中の3つの点 E, F, Gにおいては，Aさんの効用は同じであるが，そのうち，Bさんの効用は点 E が最大になっている。Aさんは，より外側の無差別曲線上の点，たとえば点 H のような組合せを選べば，点 E よりも高い効用が得られるが，そうなると，Bさんの効用は点 E のときより低くなってしまう。

　つまり，点 E は，Bさんの効用を損なうことなくAさんの効用を高めることが不可能な状態であるといえる。

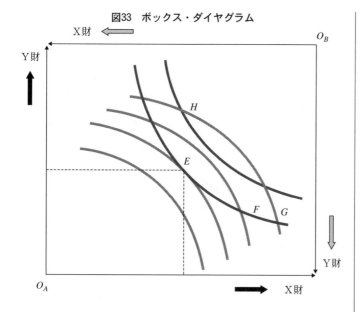

図33　ボックス・ダイヤグラム

パレート最適と契約曲線

　点 E のように，両者の無差別曲線が接する点は，「ある人の効用（経済的厚生）を損なうことなしには，他の人の効用（経済的厚生）を向上させることができない状態」を示しており，この状態を「**パレート最適Pareto Optimum**」という。これは，経済社会が目指すべきひとつの理想郷を表わしているといえる。

　パレート最適な点は，（図33）のボックス・ダイヤグラムにおける両者の無差別曲線が接する点であるから，無数に存在する。これらの接点を結んでできる曲線は**契約曲線**と呼ぶ（図34）。

　ここで，両者の，X 財，Y 財の初期保有量，つまり，市場で交換をする前の状態を点 F で表わすとしよう。これは，両者の初期保有を示すもとの無差別曲線上の点が，折り返したときに

パレート Vilfredo Pareto はイタリアの経済学者。厚生経済学のほか，一般均衡理論，社会経済学，数理統計学等，多くの分野で先駆的業績がある。

99

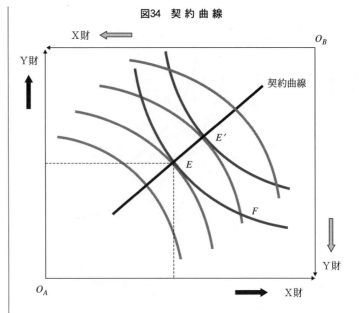

図34　契 約 曲 線

点 F で重なるように点を選んだものと考えればよい。

　この状態より，Aさんは，市場において，手持ちのX財をB
さんに売り，BさんからY財を買うことによって，点 E の状
態に達成することができる。

　すなわち，パレート最適ではない状態 F から，市場での交換
を通じて，パレート最適な状態 E を実現することができるわ
けである。

　しかしながら，（図34）に示されるように，初期状態，点 F
から出発して，市場での交換が導くパレート最適な状態は点 E
だけではない。点 E′もおなじように実現可能であるが，無差別
曲線が無数に存在することを考えれば，契約曲線上の E−E′間
に存在する，無数のパレート最適状態のどれにでもたどりつく
ことができることがわかる。

厚生経済学の第一定理

　点Fの初期状態から出発して $E-E'$ 間のどのパレート最適状態に導くかをきめるものが「市場価格」である。2財の市場での交換比率である相対価格（価格比）は、ボックス・ダイヤグラム上でもやはり、右下がりの直線の傾きとして表わされる。

　完全競争市場にあっては価格比は与件であり、効用を極大化しようとするAさんとBさんはともに、それぞれの2財に対する限界代替率が価格比に等しくなるような消費量の組合せを選ぶわけだが、そのような組合せが契約曲線上にある保証はない。つまり、両者が、より大きな効用を求めて、市場で2財を互いに交換しようとおもっても、当初はその需給は一致しないと考えなければいけない。

　たとえば、点 F を通る右下がりの直線の傾きとして市場で与えられた価格比が、（図35）のような大きさだったとすると、それと両者の限界代替率が等しくなる点はそれぞれ、a 点と b 点で表わされる。このとき、Aさんは右下方向の組合せへ、Bさんは左上方向の組合せへと、それぞれ移行することによって効用を高めようとする、すなわち、両者ともに市場で手持ちの Y 財を売って、X 財を買う行動に出る。この行動は、市場で X 財に超過需要、Y 財に超過供給の状態をもたらし、完全に競争的な市場は、X 財の価格の上昇、Y 財の価格の下落を引き起こす、すなわち、価格比を表わす直線（予算制約線）の傾きは急峻になっていく。そして、この価格変化は、2財の超過需要も超過供給も存在しなくなる契約曲線上の点 E'' にたどりつくまで続く。そこでは、2人の限界代替率は等しく、その値は2財の価格比に一致している。

101

図35　市場での交換を通じた完全競争均衡

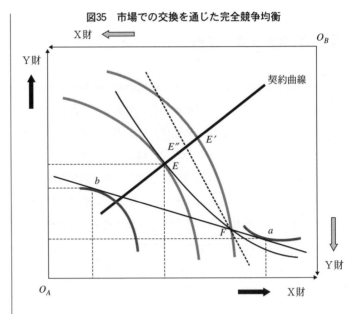

　かくして，「完全競争市場は，パレート最適な状態を実現する」という**厚生経済学の第一定理**（第一命題ともいう）が導かれる。

厚生経済学の第二定理

　パレート最適でない初期保有量，点 *F* は，完全競争市場を通じて，パレート最適な競争均衡配分 *E''* へと導かれた。このことからただちに得られる論理的必然がある。それは，完全に競争的な市場さえあれば，「どんなパレート最適な資源配分も，初期保有の適当な再配分を通じて完全競争均衡配分として実現可能である」という，いわゆる**厚生経済学の第二定理**（第二命題ともいう）である。

　「適当な再配分」とは，政府が適当な税金と補助金を設定す

ることにより，初期保有を変えてしまうことを意味している。たとえば先の点 F は，AさんとBさんそれぞれ，一人当たりいくらという税金と補助金を組み合わせることによって，ボックス・ダイアグラムにある，任意の共通接線上の任意の点，つまり両者の無差別曲線の任意の接点を通る直線上の任意の点に移動させることができる。ようするに，政府はボックス・ダイアグラム上のどの点にでも初期保有を移し替えることができ，その初期状態を完全競争市場が契約曲線上のある特定の点にまちがいなく導いてくれる，というわけである。

　こうしてみると，完全競争市場さえ完備していれば，政府は思い通りの最適な資源配分を実現できるわけであり，問題は，政府がどの最適配分状態が望ましいと判断するかであり，さらにいうならそのような判断能力をもっている政府かどうかである。

練習問題 4

　2財（X財とY財）2人（AさんとBさん）純粋交換モデルにおいて，Aさんの初期保有量は $A_0(X, Y)=(50, 20)$，Bさんの初期保有量は $B_0(X, Y)=(30, 70)$，また，現行価格比のもとで各々の効用が極大化する保有量の組合せは，Aさんが $A_0^M(X, Y)=(54, 18)$，Bさんが $B_0^M(X, Y)=(38, 66)$ となっている。このモデルについて以下の設問に答えなさい。

1）　現行価格比（X財の価格／Y財の価格）を求めなさい。

2）　現行価格比のもとで，市場で超過需要が生じるのはX財とY財のどちらか。

3）　これより，完全に競争的な市場で超過需要を調整すべく相対価格の変化が生じ，交換を経て最終的に実現した配分量は $A^*(X, Y)=(30, 40)$, $B^*(X, Y)=(50, 50)$ であった。このときのAさんの限界代替率を求めよ。

Chapter *4*

不完全競争市場

> 　ここからはいよいよ，市場が完全でない，より現実的な状態の分析に入る。完全競争市場の場合は単線的行動としての分析が可能であったが，不完全競争市場においては，価格はもはや与件ではないこと以外にも，考慮すべき多くの要因が錯綜し，戦略的行動の要素が入ってくる。本書では，独占と寡占のうち，ごく典型的なものだけを取り上げるにとどめる。

1　完　全　独　占

　これよりは完全競争でない市場・不完全競争市場を考察する。まずは，1企業の市場占有率がかぎりなくゼロに近い「完全競争」の対極にある，1企業の市場占有率が100％である「完全独占」のケースからみていくことにしよう。

プライス・リーダーシップ

　ある市場において完全独占の状態にある企業は，みずからの供給量が市場の供給量でもあるから，その供給水準を決めさえすれば「市場需要曲線」に従ってその供給量と一致する需要量

ならびに価格が自動的に決まってくる。

　つまり，独占企業は価格を自由に設定することができる「**プライス・リーダーprice leader**」であり，プライス・テイカーという設定に象徴される完全競争市場における企業と，完全な対極関係に位置づけられる。

独占企業の限界収入と需要の価格弾力性

　独占企業はその価格でも供給量でも自由に決めることができる。独占企業がもしその供給量を増やせば，右下りの市場需要曲線に従って，需給を一致させる価格は下落し，逆に供給量を減らせば価格は上昇する。するとこの企業はまず，供給を増やすべきかどうか，言い換えると，供給を増やしたときにその売上（＝総収入）は増えるのかどうかという問題に直面することになる。

図36　独占企業の市場需要曲線

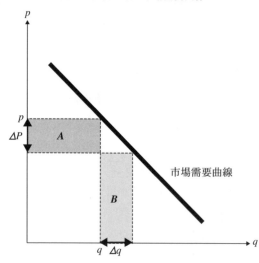

　独占企業が供給を１単位増加したときの総収入の増加分，つまり「限界収入MR」は，右の（図36）ように定義される：供給がΔqだけ増えた場合，総収入は面積Bマイナス面積Aに相当する分，すなわち$(p - \Delta p) \cdot \Delta q - \Delta p \cdot q$だけ増えることになる（$\Delta p > 0, \Delta q > 0$）。これを$\Delta q$で割った大きさが限界収入$MR$であるから，このうち$\Delta p \cdot \Delta q$の分を無視して，

$$MR = p - \Delta p \frac{q}{\Delta q} = p \left(1 - \frac{\Delta p}{p} \cdot \frac{q}{\Delta q} \right)$$

と表わすことができる。

　そして，問題のMRの符号は$\frac{\Delta p}{p} \cdot \frac{q}{\Delta q}$の値が１より大か小かにより変わることがわかる。

　いま，需要の価格弾力性を$\eta = \frac{\Delta q}{\Delta p} \cdot \frac{p}{q} > 0$とすると，
$$MR = p \left(1 - \frac{1}{\eta} \right),$$
すなわち，

　　限界収入＝価格×（１−価格弾力性の逆数）
という関係が得られる。

　これより，独占企業が供給を増やしたときにその売上は，需要の価格弾力性が１より大きいとき（奢侈財的ケース）増加し，需要の価格弾力性が１より小さいとき（必需品的ケース）減少することがわかる。また，需要曲線が右下りであるかぎり，限界収入は価格より小さく，したがって限界収入曲線は需要曲線より下側に位置づけられることになる。

　なお，独占企業に対する市場需要曲線が右下がりの「直線」で示される特殊なケースでは，限界収入曲線MRの傾きは市場需要曲線の傾きのちょうど２倍になり，したがって横軸を切る値については，MRのそれは市場需要曲線のそれの半分になることに注意する必要がある（図37）。

以下，不完全競争市場の分析では，数量をxではなく，qで表示することにする。

市場需要曲線 D を直線，
$$p = -aq + b$$
$$(a > 0, \ b > 0)$$
で表わすことにすると，総収入TRは
$$TR = pq = -aq^2 + bq$$
であるから，限界収入MRは
$$MR = \frac{\varDelta TR}{\varDelta q} = 2aq + b$$
と表わすことができる。すなわち，限界収入曲線MRは，縦軸切片を市場需要曲線Dと共有し，傾きをDの2倍にした直線であることがわかる。また，横軸を切る値は，$p=0$，$MR=0$より，Dがb/a，MRが$b/2a$となり，限界収入曲線のそれは市場需要曲線のそれの半分になる。

図37　独占企業の限界収入曲線

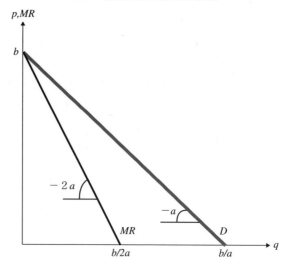

独占企業の利潤極大化行動

　独占企業の場合も，利潤は総収入（＝価格×供給量）から総費用TCを差し引いた残りであることにかわりはない。すなわち，

　　（利潤 $\varPi$ ）＝（価格 p ）×（供給量 q ）－（総費用 TC）

であるが，価格pが供給量qの変化とともに変動する点が完全競争の場合と異なる。この利潤を極大化するような供給量の水準は，

　　限界収入 MR ＝限界費用 MC ，

つまり，供給を1単位増加したときの総収入の増加分が，そのときの総費用の増加分に等しくなるような水準であることは明らかである。なぜなら，限界収入＝限界費用となる供給水準よりも高い供給水準のもとでは限界収入＜限界費用となるから供

実際，利潤 $\varPi (q)=TR(q)-TC(q)$ が極大になるための1階の条件は
$$TR'(q) = TC'(q)$$
つまり，$MR=MC$であることはあきらかである。

給を減らしたほうが利潤は増えるし，逆にそれよりも低い供給
水準のもとでは限界収入＞限界費用となって供給を増やしたほ
うが利潤は増えるからである。

独占均衡における社会的余剰

　ここまでの議論から，独占企業が限界収入＝限界費用となる
供給水準を選択したときには（図38）のような需給均衡 E が実
現することがわかる。

　すなわち，$MR＝MC$となる供給量q^*が実現すれば，市場では
需要曲線を通じてp^*の水準に価格が決定するというわけである。
このときの独占利潤は面積（p^*EBA）で，消費者余剰は面積
（Ep^*D）でそれぞれ示される。また，生産者余剰は面積（p^*Ep^*
O）のうちMC曲線より下側部分の面積を差し引いた残りの面積
で表わされる。

　これに対し，このMC曲線がもし，独占企業の限界費用曲線で
はなくて，完全競争市場における市場供給曲線であったとすれ
ば，市場均衡はE'点において実現されることになる。このと
きの均衡価格p^*は独占価格p^*よりも低く，取引量q^*は独占供給
量q^*よりも多くなっている。

　そして，消費者余剰と生産者余剰の合計である社会的余剰を
比較すると，独占均衡は完全競争均衡に比べて面積（$EE'C$）の
大きさの社会的余剰を損なっていることがわかる。この死荷重
は，資源配分が効率的に行なわれていないことを示すものであ
り，さらには，消費者余剰の減少分（面積（$p^*EE'p^{**}$））の多
くが独占利潤として持っていかれている事実は，資源配分の不
公正さをも物語っている。

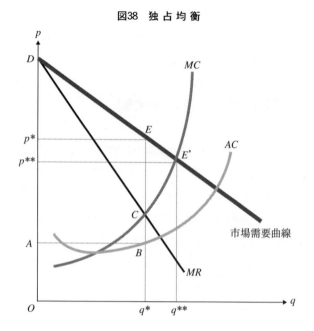

図38　独占均衡

2　独　占　規　制

　これまでの議論で示されるように，独占状態が放置されることが社会的にみて望ましくないものであるとしたら，なにがしかの規制が必要になってくる。現実的な規制としては，国有化や公共企業体化して政府のコントロール下に置くやり方と，法律や行政措置による規制下に置くやり方の2種類がある。このうち，後者の代表的なものとして，価格規制をとりあげよう。

価　格　規　制

　独占企業に対して自由に価格設定をさせないのが価格規制で

あるが，これは，価格を限界費用に一致させるという純粋に完全競争的な規制（**限界費用価格規制**）と，価格を平均費用に一致させるという準完全競争的な規制（**平均費用価格規制**）に分かれる。

　限界費用価格規制を実施すれば，前節でみたように独占企業の限界費用曲線が供給曲線となり，この結果もっとも効率的な（**パレート最適な**）資源配分が実現されることになる。

　しかしながら，限界費用の概念は，実際に把握するとなると困難であり，きわめて理念的な規制であるといわざるをえない。また，（図39）のように独占企業が大規模な生産設備をかかえ，平均費用が十分に大きい場合には，限界費用価格規制をとれば，価格p_mは平均費用を下回り，企業は赤字に陥る。しかしそれでも，社会的余剰が独占企業の固定費用を上回るかぎり，限界費用価格規制は有効である。ただし，この企業の存続のためには財政

図39　限界費用価格規制と平均費用価格規制

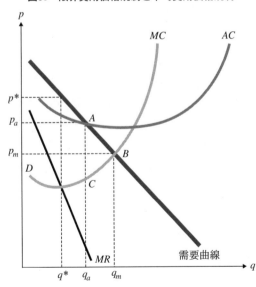

この場合，平均費用が最小となる生産水準が十分に大きいため，平均費用が逓減する生産水準で，AC曲線よりも下側に位置する MC 曲線が需要曲線と交わってしまうようなことが起こりうる。

からの赤字補填が必要になり，増税をするはめになったりする。

これに対し，平均費用価格規制は，平均費用という現実的に計算可能な客観的な概念に基づいているとはいえ，平均費用に一致させた価格P_aのもとでは企業の利潤はゼロになっており，このとき，図中の面積（ABC）に相当する死荷重が発生することになる。

インセンティブ

大型の生産設備を抱える独占企業ないしは公企業に対し，資源配分の効率性の追求という観点から，（図39）の B 点のような限界費用価格規制を求めるのであれば，必然的に発生する赤字を政府が補填しなければならない。この場合に問題となってくるのが企業側の「インセンティブ」である。

公的企業には利潤極大化のモーティベーションはもともと希薄であるところへ，価格規制が適用されたり，赤字補填が行なわれたりすればなおのこと，また価格規制下に置かれた私的独占企業にあっても，利潤動機をインセンティブとすることはむずかしい。こうした組織そのものが持つ非効率性（**X非効率性**）が存在するとき，その費用は「必要最小限の費用」という本来意味する水準より大きくなり，赤字補填額も必要以上にかさんでしまう可能性が高い。

赤字補填の財源確保のために新税が導入されるようなケースにおいては，先にみたように，課税による社会的余剰の損失分のほうが，独占の資源配分の非効率性による社会的損失分よりも小さくなければならない。

3　製品差別化

競争がまったく存在しない完全独占のケースから少しだけ完全競争の側に近づいた状態として，独自の顧客を持つ商品（**製品差別化された財**）をもつ複数の独占的企業が存在するケースを考えてみよう。これは完全独占から「寡占」へ至る移行過程としての意味をもつと同時に，完全独占よりはるかに現実的な競争状態といえる。

独占的競争市場

この市場では「**製品差別化**」された複数の財が供給されており，新規参入も退出も自由に行なわれるものとする。この点が完全独占との決定的なちがいである。市場内の各企業はそれぞれの自社製品についての需要曲線に服するが，他企業の製品との競合関係にも影響を受ける。

しかしながら，短期的な利潤極大化の条件はやはり限界収入＝限界費用である。このときの需給均衡において，超過利潤が正であれば新規参入が生じ，負であれば退出が生じるから，長期均衡では超過利潤がゼロとなっているはずである。

つまり，超過利潤が正のとき新規企業の参入によって既存の当該企業は顧客の一部を奪われるため，個別需要曲線は左方にシフトし，また超過利潤が負のときには退出により個別需要曲線は右方にシフトする結果，長期均衡においては超過利潤はゼロ，すなわち価格＝平均費用が成立している（図40）。

図40　独占的競争均衡

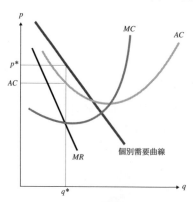
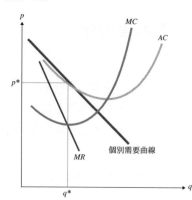

　完全独占企業の市場需要曲線が $D(p) = -1.25p + 750$, 限界費用曲線が $MC(q) = 0.4q$ で与えられるとき，独占均衡価格を求めなさい。また，同じ市場需要曲線と限界費用曲線が完全競争市場に適用される場合の均衡価格を求めなさい。

4　寡　　占

少数の企業が市場の需要を分け合う寡占の場合，各企業の利潤はみずからの行動だけでなく他の企業の行動の影響を少なからず受ける。相手の出方をうかがいながら自分の出方を決める「戦略的行動」を考える必要がある。以下では，2つの企業が市場を分け合う複占のケースからみていくことにしよう。

市場の競争状態に関しては，市場供給曲線，$S=\sum_1^n Si(p)$ において，$n=1$のとき，完全独占 $n=2$のとき，複占 $n=\infty$のとき，完全競争との定義が可能である。

クールノー＝ナッシュ均衡

複占産業を想定し，同一の生産技術を共有する2つの企業 X，Y の費用は，単純化のためともにすべてゼロとしよう。

市場需要曲線が直線で与えられるとすると，市場の独占的限界収入曲線，つまり企業X が企業Y を排除して独占的に供給を行なった場合の限界収入曲線（$MR|\overline{q_Y}=0$）は，縦軸切片が需要曲線のそれと同一で，横軸切片が需要曲線のそれ（$\overline{q_Y}$）のちょうど半分（$\overline{q_Y}/2$）になるような直線として表わされる（図41）。

次に，Y も供給する状態を考えよう。

X がY の供給量 $\overline{q_Y}>0$ は所与不変であるとの予測に基づいて行動するとしたら，X に残された需要は，市場需要曲線のうちの縦軸を$\overline{q_Y}$だけ右にずらしたその右側部分に相当する。

こうした予測を「近視眼的予測」という（ゲーム理論の項を参照）。

よってXの限界収入曲線$MR|\overline{q_Y}>0$は，新たに生じたX の需要曲線の縦軸切片を通り，もとの独占企業の限界収入曲線と同じ傾きの直線で示されよう。

そして簡略化のために限界費用をゼロと考えれば，企業X の利潤が極大化するのはもちろん限界収入＝限界費用（この場合

図41　複占均衡

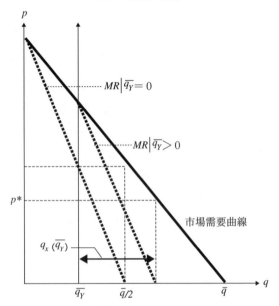

の限界費用はゼロだから，横軸が限界費用曲線に相当する）と
なる供給量 $q_x(\overline{q_Y})$ である。

つまり，市場全体では，$q_x(\overline{q_Y})+\overline{q_Y}$ だけの供給量が実現し，
したがって，これに見合う価格 p^* が成立することになる。

ここで注目すべきは，Y の供給量 $\overline{q_Y}$ が与えられたときの X の
利潤極大化供給量 $q_x(\overline{q_Y})$ が $\overline{q_Y}$ の関数として得られることであ
る。

この関係は「**X の反応曲線**」として，縦軸に X の供給量，横
軸に Y の供給量をとった座標軸上に表わすことができる。

そして，まったく同様の手続きにより同一座標軸上に「**Y の
反応曲線**」を描くと（図42）のとおりである。

当初，Y の供給量がで与えられる $\overline{q_Y}$ と，X はその反応曲線を
通じて q_x だけの供給を行なう。

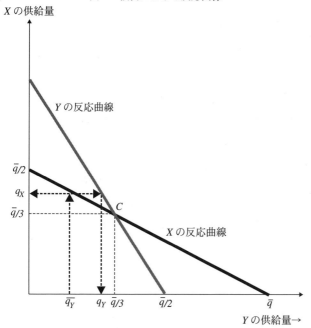

図42　複占における反応曲線

これに対し Y はその反応曲線を通じて q_Y の供給を行なう。

これに対し X は…，という反応を互いに繰り返し，さいごには結局，２つの反応曲線の交点 $C(\bar{q}/3, \bar{q}/3)$ において両企業の供給量がもはや変化しない均衡」が達成される。

このとき，市場全体に供給される量は $2\bar{q}/3$ になっている。

この均衡はもともと，19世紀にクールノー Antoine A. Cournot が得た複占均衡であるが，両企業が戦略（供給量）を変更するインセンティブが存在しないという意味で，のちにゲーム理論において一般化された「**ナッシュ均衡**」の一形態でもあり，現代では「**クールノー＝ナッシュ均衡**」と呼ばれる。

ナッシュ John F. Nashは非協力ゲーム理論の功績によりノーベル経済学賞を受賞した数学者。リーマン予想にも挑戦した，その苦悩する人生は，映画『ビューティフル・マインド』に描かれている。

市場の競争状態と均衡価格

　ここで，直線で表わされる同一の市場需要曲線にしたがって，費用ゼロの場合で「独占均衡」，「複占均衡（クールノー＝ナッシュ均衡）」，「完全競争均衡」をそれぞれ比較してみよう（図43）。

　先にみたように，独占均衡 M の場合の価格は供給量 $\bar{q}/2$ に対応するもっとも高い水準 p_M であり，複占均衡 C は供給量 $2\bar{q}/3$ に対応したそれよりやや低い価格 p_c が実現する。これに対し，完全競争均衡 E の場合は，市場供給曲線がゼロの限界費用曲線，したがって横軸に一致するため，総供給量が $\bar{q}$ で価格 p_E はゼロとなる。

　これら 3 つの均衡の比較から以下のことがいえよう。独占利潤についていえば，完全独占の状態が最大であり，これより企業の数が増えるにしたがって減少し，企業数が無限大に大きくなって完全競争が実現するとゼロになる。また反対に，消費者

図43　市場の競争状態と均衡

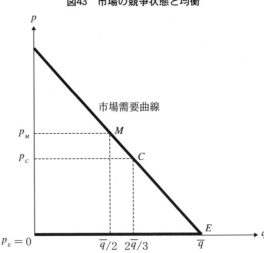

余剰は独占均衡の場合がもっとも小さく，企業数の増加にともなって増え，完全競争均衡において最大となる。

その他の複占均衡

クールノー均衡のように2つの企業が対等な立場ではなく，どちらかがリーダーシップをもつような場合に達成される複占均衡は「**シュタッケルベルク＝ナッシュ均衡**」という。

この場合，「先導者」であるほうの企業が，「追随者」の企業の反応曲線上でつねに利潤が最大になるような供給量を選ぶのに対し，追随者の企業は先導者が供給しきれなかった需要の残余に相当する供給を行なう。

この結果，先導者はクールノー均衡よりも高い水準の利潤を獲得し，追随者はクールノー均衡よりも低い利潤に甘んじることになる。

また，複占企業の戦略変数を供給量ではなく，価格とした場合のナッシュ均衡は「**ベルトラン＝ナッシュ均衡**」と呼ばれる。

費用構造がまったく同一（限界費用＝平均費用）の2つの複占企業に対して市場需要曲線が，したがってこれに対応する独占企業の限界収入曲線が与えられているものとしよう。

限界収入＝限界費用なる供給に需要が一致する価格（独占価格）を設定すれば，企業の利潤はもちろん極大化する。しかし，両企業がともにこの価格を設定して市場の需要を分け合う状態は安定的ではない。

なぜなら，相手を出し抜いて独占価格よりも少しでも低い価格を設定すれば，市場の需要の大半を獲得できる可能性があるからだ（逆にどちらかの企業が独占価格よりも高い価格をつけてくれば，他方の企業はこれを放置して静観していればよい）。

　そしてこの値下げ競争は価格が限界費用＝平均費用なる水準になるまで続く。もし相手の企業がこの限界費用水準より低い価格を設定したとしても，当該企業にはそれをさらに下回る価格をつけるインセンティブはない。利潤がマイナスになるからである。この場合の当該企業としては利潤ゼロ，つまり限界費用に等しい価格を設定して需要の大半を放棄するしかない。

　かくして，2つの企業がともに限界費用に等しい価格を設定した状態は，もはや価格をそれ以上変更させるインセンティブが存在しないベルトラン＝ナッシュ均衡を示している（"5 ゲーム理論の初歩"を参照）。

寡占価格の硬直性（屈折需要曲線）

　価格のみが戦略変数であるような寡占市場においては，ベルトラン＝ナッシュ均衡のところでみたように，ある企業が単独で価格の引き上げを行なえば，他の企業もこれを放置するが，逆に価格を引き下げる企業が出てくれば，他の企業の多くはこれに追随するであろう。

　したがって，寡占市場において成立している現行の価格とシェアがいっぱんに安定的であることを考え合わせると，寡占市場内の1企業についての需要曲線は，現行の価格／生産量のところで屈折し，上方に弾力的で下方に非弾力的になっている可能性が高い。

　需要曲線が現行価格／生産量で屈折していれば，限界収入曲線 MR は同じ現行生産量のところで不連続になる（図44参照）。

　この企業にとっての利潤極大化は，その限界費用曲線 MC が限界収入曲線の不連続部分 AB を通っているかぎり達成される。

　つまり，原材料価格の変化などの理由で限界費用曲線が多少

120

図44　屈折需要曲線

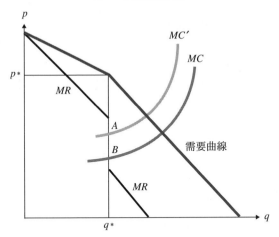

シフトしたとしても，この企業の最適な生産量 q^* も価格 p^* も
まったく変化しない可能性がでてくることになる。

　こうして，寡占市場内のすべての企業が各々，自分が価格を
上げれば他は追随せず，下げれば追随するという保守的な予測
のもとに行動するとき，価格は硬直的にならざるをえなくなる。

　そうなると，費用や需要の変化が生じたときに価格の調整機
能がうまく働かず，資源配分の効率性が損なわれ，さらには相
対価格の撹乱からインフレをきたすことにもつながる。

寡占市場で成立して
いる現行の価格とシェ
アが安定的であること
から，シェア拡大をは
かるための追加的な販
売費用は，現行に比べ
て非常に大きくなるこ
とが考えられる。これ
は総費用曲線が現行
シェアのところで屈折
していることを意味す
る。このような場合に，
需要の変化が生じたら
価格はどうなるか，作
図して考えよ。

5　ゲーム理論の初歩

　複雑な現象を分析しやすくするために開発された数学的道具であるゲーム理論は，互いに競争や対立，あるいは協力といった相互依存関係にあるものどうしが，一定のルールのもとで合理的な行動（戦略的行動）をとるとした場合に導かれる必然的帰結を与えるための理論である。今日の経済理論の世界では，単線的な極大化行動の積み重ねを柱とする伝統理論と，複線的な戦略的行動の分析を得意とするゲーム理論とはまったく補完的な関係にあり，初学徒といえどもこの両者の基礎を学ばないわけにはいかない状況になっている。

ゼロ和２人ゲーム

　同じ商品を販売して互いにシェアを競い合う２つのスーパー，ＸとＹが存在する状態（複占）を想定しよう。この２社がいま，１本の街道沿いに等間隔で点在する４つの町Ａ，Ｂ，Ｃ，Ｄのどこかへ出店しようとそれぞれ検討している。２社の事前の市場調査によると，

・　ＸのほうがＹよりも商品力が勝り，Ｘの店がＹの店より近いエリア（町）ではＸはそのエリア（町）の需要の80％をとってしまう。

・　逆に，Ｘの店よりＹの店のほうが近くにある町では，Ｘは需要の40％をとる。

・　２社の店が１つの町から同じ距離にあれば，Ｘは需要の60％をとる。

という一致した結果を得ている（＝ゲームのルール）。

「経済学者の多くはフォン・ノイマンJohn von Neumann とモルゲンシュテルン Oscar Morgenstern の与えてくれた道具（ゲーム理論）を知らない。そのため，かれらはきわめて単純な"完全独占"と"完全競争"という２つの原理はよく知っているが，その２つの極端な事例の中間にあるあらゆる種類の不完全競争は分析できない（1992年，ケン・ビンモア Ken Binmore）」といった指摘はすでに過去のものとなりつつある。

　4つの町全体の需要を100，うちA町20，B町40，C町10，D町30とするとき，2社はそれぞれどの町に出店するべきであろうか？

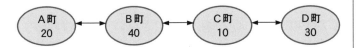

　この問題を考える場合には，2社がそれぞれの町に出店した場合に相手との競合の結果得られる需要量をマトリックス表示するとわかりやすい（**利得行列**）。たとえば，XがA町に出店したときにXが得る需要量は，YがA町に出店すれば60，YがB町に出店すれば16＋16＋4＋12＝48，YがC町に出店すれば16＋24＋4＋12＝56，YがD町に出店すれば16＋32＋4＋12＝64，となる。同じようにしてXがB町，C町，D町に出店したときにXが得る需要量のベクトルをそれぞれ求めると，次表のようなXの立場からみた利得行列が得られる。

利得行列：「ゲイン・マトリックス」

表3　Xの利得行列

X ＼ Y	A	B	C	D	行の最小値
A	60	48	56	64	48
B	72	60	64	66	60
C	64	56	60	68	56
D	56	54	52	60	52
列の最大値	72	60	64	68	60

　Xはこのマトリックスをもとにしてできるだけ大きな需要量が見込めるような出店場所を選ぼうとし，一方のYはこのマトリックスをもとにしてできるだけ小さな需要量のところを選択しようとする。
　すると，XがA町，B町，C町に出店する場合はすべてYはB町に出店するのが望ましく，XがD町に出店する場合にのみ

YはC町に出店するのが望ましいことがわかる。Xとしてはそれぞれの場合に得られる需要量が48，60，56，52であるから，このうち最大の60が見込めるB町への出店がもっとも得策である。これは，XがB町に出店すれば，Yがどこに出店してきてもXは少なくとも60の需要は確保できるという意味である。

　反対に，YがA町，B町，C町に出店すればXはB町に出店し，YがD町に出店すればXはC町に出店してくるだろうから，Yとしてはそれぞれの場合にXが得る需要量72，60，64，68が最小となるB町への出店が得策となる。これは，YがB町に出店すれば，Xがどこに出店してきてもその需要をたかだか60に抑えることができるという意味である。

　なお，表3のすべての数値を100から引いた値に置き換えると，Yについての利得行列になることはいうまでもない。もちろん結果はまったく同じである。

　この出店ゲームでは，Xが行の最小値のなかの最大値，マックス・ミニ（max-mini）を選択し，Yが列の最大値のなかの最小値，ミニ・マックス（mini-max）を選択した結果，それらがともにB町への出店としてたまたま一致をみることになったわけである。

　このことは，単純な極大化行動からはけっして得られない，一種の「均衡」が「慎重な」行動によって実現する可能性を示唆している。

非ゼロ和２人ゲーム

　一つの市場で企業XとYが同じ一つの商品を販売している複占状態を考えよう。

　両企業のとりうる「戦略」は価格設定（高くするか低くする

か）のみだとして，次の表4のような売上額にかんする利得行列が得られるものとする。

表4　価格設定と売上額

X ＼ Y	高　価　格	低　価　格
高　　価　　格	50：50	10：40
低　　価　　格	40：10	20：20

　Xは，Yが高価格を設定してくるなら高価格で50の売上を，Yが低価格でくるなら低価格で20の売上をそれぞれ得ようとするだろう。つまり，Xの行動は，Yがどう行動するかについてのX側の予測に依存する。まったく同じようにYの行動は，Xがどう行動するかについてのY側の予測に依存する。したがって，Xの行動は，Yの行動をXがどう予測するかを，Yがどう予測するかを，Xがどう予測するかを，…という際限のない予測に依存する。

　このトートロジーに対する一つの解決策は，「自分が戦略を変えても相手は現在の戦略を変更しないものと予測する（＝**近視眼的予測**）」と考える方法である。かりに，両企業がともに低価格を設定しているとき，Xの高価格戦略への変更はYが低価格を維持すると予測されるかぎりXの売上を減らすことになってしまう。同様に，ともに高価格を設定しているときも，Xは低価格に変更すれば売上を減らす。このように，両企業がともに低価格，ともに高価格の場合には近視眼的予測に基づくかぎり戦略の変更を行なうインセンティブが存在しないという意味で，一種の均衡状態にあることになる。この均衡を「**ナッシュ均衡**」と呼ぶ。

125

囚人のジレンマ

次に，利得行列が表5のような場合を考えよう。

表5　価格設定と売上額

X ＼ Y	高価格	低価格
高　　価　　格	50：50	10：60
低　　価　　格	60：10	20：20

　これは，相手と同じ戦略をとるよりも相手を出し抜いて自分だけ低価格を設定したほうがより大きな売上がのぞめるケースである。ただし，両企業が競争関係にあるかそれとも協調関係にあるかによってとるべき戦略は異なってくる。

　両企業が競争関係にあれば，どちらの企業も相手の戦略が高価格でも低価格でも自分は低価格を設定して60もしくは20の売上を確保することが有利である。しかしながら，かりにどちらかが出し抜くかたちになって60の売上を得たとしても，出し抜かれたほうはただちに低価格に変更するだろうから，結局ともに20：20の売上を分け合う低価格戦略に落ち着く。この状態はどちらの企業にとっても戦略を変更する誘因が存在しないナッシュ均衡になっている。一方，両企業がともに高価格戦略をとる状態は，どちらの企業も相手を出し抜いて低価格戦略に変更すればより大きな売上を得る可能性があり，安定的ではない，したがってナッシュ均衡ではない。

　ところが，両企業が協調的で結託した行動がとれるものとすれば，2社の売上合計が最大になるように，ともに高価格戦略をとることになるだろう。ここに，寡占企業によるカルテルが消費者の利益を損なうものとして制限されるべきだという根拠

が示唆されている。

　このように，プレイヤーが互いに協力していれば両者が得るはずの利益が，協力できない環境のもとで逸失されてしまうようなケースを「**囚人のジレンマ**」と呼び，個々の利得を求める行動が全体を理想郷へとは導かない可能性を示唆しているともいえる。

　囚人のジレンマはもともと，強盗容疑者として逮捕され独房に収監された2人組XとYの自供をめぐる状況によって例証された（表6）。

表6　囚人のジレンマ

X＼Y	自　供　す　る	黙　秘　す　る
自供する	X＝懲役10年：Y＝懲役10年	X＝無罪：Y＝懲役20年
黙秘する	X＝懲役20年：Y＝無罪	X＝微罪：Y＝微罪

　この場合，両者がともに相手が出方を変えないかぎり出方を変える必要のないナッシュ均衡は（自供：自供）のみである。

練習問題6

　以下の2つのゲームについて，各ナッシュ均衡を答えなさい。

1）　ある地域の携帯電話市場を先導する有力販売企業X社とY社が，スマートフォンもしくは従来型のいずれかに特化する新戦略を検討している。両企業の戦略の組合せによる市場占有率（シェア）は，
　▼　両社がともにスマートフォンに特化した場合のシェアはX社：40％，Y社：20％，
　▼　X社がスマートフォン，Y社が従来型に特化した場合のシェアはX社：50％，Y社：30％，
　▼　X社が従来型，Y社がスマートフォンに特化した場合の

シェアはＸ社：30％，Ｙ社：０％，

▼　両社がともに従来型に特化した場合のシェアはＸ社：25％，Ｙ社：25％

になることが予想される。

2）　企業Ｘと企業Ｙの間での非協力戦略形ゲームを考える。両企業ともとりうる戦略は高価格，中価格，低価格の３つであり，その利得表は右図のとおりである。

　　ただし，各セルの数値は左側が企業Ｘの利得を，右側が企業Ｙの利得を表わす。

Ｘの戦略＼Ｙの戦略	高価格	中価格	低価格
高　価　格	4：6	3：6	8：7
中　価　格	6：3	10：5	4：6
低　価　格	5：8	4：11	7：10

Chapter 5

市場の失敗

> 「市場の失敗（market failure）」とは，市場による調整機能が十分に機能しないために経済的厚生がスポイルされ資源の効率的な配分が実現しないことをいう。狭義には，公共財や外部効果の場合のように，それを扱う市場が存在しないケース。こうした場合，望ましい資源配分の実現のためには，政府が経済に介入する必要が出てくる。市場の失敗は，「小さな政府」を謳う場合，市場主義の限界として認識しておかなければならないケースである。

以下ではこの狭義の市場の失敗について考えることにする。

1　公共財の特徴

→民間企業によって供給されることはない

　▼対価が存在しない

　▼排除可能性がない

　▼市場をもたない

　公共財には対価が存在しないが，消費者の限界効用（限界評価）を知ることができれば，それもって需要曲線の代わりとみなすことができ，他方，限界費用から導かれる供給曲線との交

限界変形率：
　一定の資源制約のもとで生産しうる2財の数量の組合せを示した「生産可能性曲線」の接線の傾きの絶対値，つまり，一方の財を余分に生

129

産しようとすると他方の財の生産をどれだけ諦めなければいけないか，その限界的な比率。

生産活動を含む交換経済において完全競争均衡が成立しているとき，パレート効率的な資源配分が達成されており，生産要素の生産者への効率的配分のためには，限界技術代替率の均等，エッジワース・ボックスにおける生産要素の契約曲線，生産可能曲線上の組合せ，限界変形率，一方，生産物の消費者への効率的配分のためには，限界代替率の均等が必要，すなわち，限界代替率＝限界変形率がパレート効率的な配分のための条件である。

（「貨幣とのあいだの」：その公共財と択一的な他の私的財を意味する）

財・サービスの所有権がなくても消費することができる性質が「排除不可能性」，1人の消費が他の人の消費を妨げず，いちどに多くの人々が消費できる性質が「集団性」

点において最適な公共財の数量が与えられることになる。

すなわち，

各構成員の公共財に対する限界評価の合計
＝公共財の限界費用

あるいは，

各構成員の公共財に対する限界代替率の和＝限界変形率
‖
「サミュエルソンの最適条件」

これが公共財の最適供給量の基準，すなわちパレート効率的な配分のための条件と考えることができる。

公共財の効率的供給量の決定

（公共財の限界便益）＝（公共財の限界費用）

つまり公共財消費者の，

貨幣とのあいだの限界代替率の総和＝貨幣とのあいだの限界変形率の総和

が成立するような供給量が，効率性の観点からして望ましい。

2　公共財の分類

・公共財は私的財とちがって，消費の「**排除不可能性**」と消費の「**集団性**」の性格をもつ。

・費用の面からいえば，排除費用が大きく，混雑費用（込み合うことによる負の便益）が小さいのが公共財，ともに大きいのが道路や港湾施設といった準公共財，ともに小さいのがケーブルＴＶや新聞といった準公共財，排除費用が小さく，

混雑費用が大きいのが通常の私的財。

・純粋な公共財（排除費用が無限大，混雑費用はゼロ）の場合にはフリーライダーが横行する結果，分権経済では必要なだけの供給が実現しない→中央政府による供給が必要

費用負担の問題

・応能原則か応益原則か，費用負担の如何は効率性には影響しないが，所得分配などの公平性に差異をきたす。

・消費者の限界代替率に比例して費用を負担させ，かつ効率的な供給量が実現している状態（**リンダール均衡**）にするには，すべての消費者の限界代替率を知る必要がある。→申告制度によるフリーライダーの問題

外部性と市場

・ある主体の行動が市場を経由することなく他の行動主体に影響を及ぼす場合，「外部性が存在する」という。また，こうした外部性を扱う市場も存在しないものとする。

・外部性があるおかげで経済が利するケースを「外部経済」，不利益を被るケースを「外部不経済」と呼ぶ。

・企業の参入が増え産業の規模が拡大する過程で，環境への負荷が問題になったとする。その保全費用をだれも負担しないとなれば，企業の利潤が極大化する限界収入＝限界費用なる生産水準は，社会的にみて望ましい（＝パレート最適な）生産水準を示していることにはならない。

・外部不経済による不適切な資源配分を是正するためには，負の便益を限界費用に組み入れる外部効果の内部化を制度的に

　　たとえば，産業内の企業数が増加することで，社会的インフラの整備が進んだりするのが外部経済，反対に産業廃棄物が増え，その処理が野放しになっている状態は外部不経済。

行なうか，課税を行なって企業の生産水準を押さえることが有効である。

・ただし，政府が税収を実際に環境保全に充てないことにはパレート最適な状態にはならない。

その他の市場の失敗例

・市場が完全競争の状態にない場合，つまり独占や寡占が支配している状態も，広義の市場の失敗に含めることができる。限界費用と価格が乖離する結果，高価格と過少生産量が成立し，消費者余剰が企業側へ移転，社会的余剰を減少させる。

・規模の経済のメリットが大きく，自然独占につながるような「費用逓減産業」のケースもまた市場による資源の効率的な配分メカニズムがはたらかないという意味で，市場の失敗の一例と考えることができる。

・中古車売買などの例で示されるような「情報の非対称性」もまた市場による効率的な資源配分を妨げる要因となる。このような情報の不完全性は完全競争市場の成立にとって障害となるものである。

中古車の売手は買手よりも豊富な情報をもっており，欠点を隠して高く売りつけたいという欲望が売手にある以上，買手は最適な状態に達することはできない。

3　コースの定理

ノーベル経済学賞の受賞者，ロナルド・コース（Ronald　H.Coase）によって提示された。

外部性があったり，公共財をめぐる取引であったりする場合のように，市場の失敗が不可避と考えられてきた状況下でも，取引費用が存在しなければ，市場メカニズムに類似した，当事者間の自発的な交渉によって効率的な資源配分が実現可能とする主張。

図45　コースの定理

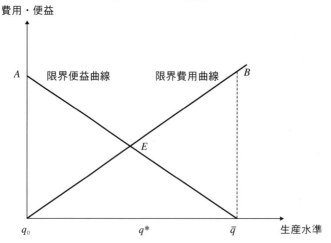

費用・便益

A　限界便益曲線　　限界費用曲線　B

E

q_0　　　　　　q^*　　　　　$\bar{q}$　　生産水準

　たとえば，工場生産［加害者］と周辺住民［被害者］が被る汚染や騒音等の環境悪化の関係を想定しよう（図45）。お互いの状況を改善するような自発的交渉を妨げる要因が何もなければ，パレート最適な状態（図中の点E）に到達しうることが示される。負の便益（外部性）を受ける被害者が外部性を排除する権利を持っているか（図中の点q_0），あるいは外部性の出し手である加害者が自由に経済活動を行なう権利を持っているか（図中の点$\bar{q}$）に関係なく，同一のパレート効率性（図中の点E）が達成される。ただし，現実には取引費用が発生するため，この定理が充当する状況は限定的である。また，同一のパレート効率性であっても，当事者間の富の分配は決定的に異なる可能性がある。

第2部
マクロ編

Chapter

準　　備

1　マクロ経済学のおはなし
—モデル・アプローチの有効性について

> 経済理論の世界はほんとうはもうちょっと厳密で小むずかしいの
> ですが，ここではウソも方便，厳密さや正確さよりわかりやすさの
> ほうを優先します。マクロ経済学の原点ともいうべき視点に触れて
> みましょう。

　一国の経済的な豊かさを測る代表的な指標のひとつが GDP
Gross Domestic Product：国内総生産）です。日本のGDPは日
本で働くすべての人が１年間に稼ぎ出した「儲け分」の合計だ
とおもってください。GDPの代わりに国民所得といってもか
まわないでしょう，たいしてかわりません。
　マクロ経済学はこのGDPを最大のターゲットとしていると
いっていい分野です。GDPが少ないよりは多いほうがたぶん
みんな幸福だろうし，じゃあ，GDPを増やすためにはどうす
ればいいか，そういうことを考えるわけです。

第2部　マクロ編

基本的な問題

・GDPの大きさはなにによって決まるのか，日本のGDPはどうして500兆円であって100兆円ではないのか—国民所得の決定理論，ケインジアン・クロス
・GDPを増やすにはどうすればよいか—乗数モデル，経済政策（公共投資，減税，金融政策，貿易政策）
・そもそも景気がいいとはどんな状態なのか，どうして景気はよくなったり悪くなったりするのか—景気変動論
・物価はどういうときに上がるのか，それを抑えるためにはどうすればいいか—インフレ理論
・どうして失業がおこるのか，失業を減らすにはどうすればよいか—有効需要の原理，雇用理論

　これらの問題のひとつひとつに対して，きちんとした「思考装置」を通じて考え，自分の言葉で説明できるようにするのがマクロ経済学を学ぶ理由であります。

　まずは，唐突ですが，歴史でならった1930年代の**世界恐慌**の状況を想像してみてください（わたくしもこの目で見たわけではないので，映画や本からの知識をたよりに知ったかぶりをすることにします）。

　ストリートはお払い箱になった失業者であふれ，盛り場はギャングが闊歩するばかり，一般市民は安酒さえ飲めない。こんな状態がいいとおもうのはアル・カポネくらいなもの。だれもがなんとかしなければと考えたはずです。

　そこで，ときのおえらい経済学者の先生がたにお尋ねしたところ，「なにもしなくていい」との仰せ。かれらはみんな，**ア**

138

ダム・スミス Adam Smith 教（**自由放任主義** laissez-faire）の信者だったからです。「失業は賃金が高すぎるからおこるのであって，そのうちに賃金が下がればひとりでに失業はなくなるものだよ」とのたまったのですが，現実はいっそうひどい状況になるばかり。実は，賃金が下がるとその分労働者がものを買えなくなり，その結果不況はいっそう深刻化するという悪循環があるに，当時はだれも気がつかなかったのです。

　さて，あなたが大統領だったらどうしますか。これがマクロ経済学の原点なのです。

　世界史の教科書などには，「この世界恐慌はルーズベルト大統領のテネシー川ダム建設工事（ニューディール政策というらしい）をきっかけにおさまることになる」といったストーリーがよく語られますが，世界がこの恐慌からほんとうに脱却するのは，実は第二次世界大戦によってだったのです。いわゆる軍需産業が景気を押し上げたわけです。

　こうした第二次世界大戦の前後の歴史の文脈のなかで，一つだけ「正しい」としてもいいとおもわれる考え方があります。それは大型ダムを建設するにしろ，スピットファイアーや戦艦大和を作るにしろ，「一国の経済の状態をよくする」という点ではどうやら効果があるらしいという考え方です。ここに目を付けたのがケインズ John Maynard Keynes という英国紳士を気取ったちょっといけ好かない男です。

　ケインズの着想はこうです。景気を回復して失業を減らすには，

　　「仕事にあぶれている労働者を千人でも1万人でも集め，全員にスコップをもたせ，みんなしてばかでかい穴を掘らせる。そこへ政府の金庫から札束をどっさりもってきてその穴へ入れ，土をかぶせるよう指示する。そのあとでまた全員に

世界恐慌はもちろん日本にもとんでもない試練を課しました。たまりにたまった財政赤字のツケをいっきに払おうというばかげた発想が，「神の国」思想と結びついて愚かで悲惨な侵略戦争を正当化してしまいました（GDPをはるかに上まわる財政赤字という点で現在と酷似していますが）。

ケインズはイートン〜ケンブリッジという絵に描いたようなエリートコースを歩んだ人物ですが，実は性的には倒錯の傾向があり，両刀使いとのうわさまでありました。世が世ならフレディ・マーキュリーと同じ運命をたどったかもしれません。

『雇用,利子及び貨幣の一般理論（1936年）』のなかでケインズは，このような無益な穴掘作業を例にあげている。皮肉屋らしい一面でもある。

同じところを掘って札束を取り出させる。そしてそれを賃金として一人一人に分配する」

これで完了。もちろん冗談ですが，ようするになんでもいいから労働者に「仕事を作ってやること（**雇用機会の創出**）」こそが経済を上向きにさせることにつながると考えたのでした。

このジョークの裏にあるメカニズムを説明するのが「**乗数**」の考え方であり，「**有効需要の原理**」なのです。

札束が全部で10億円，ひとり10万円ずつ1万人に給料が支払われたとしましょう。

そのなかの1人は，それまで月に1回飲みに行っていた人が，その月はもらった10万円のなかから8万円を使って月4回飲むようになるかもしれません。別の一人は定職に就こうとリクルートスーツ75,000円也を奮発するかもしれない。ほかの人もなんらかのかたちで以前より消費を増やすはずです。それは，飲み屋や洋服屋の売上がその分増えるという意味です。

そうなるとこんどは，飲み屋の女将さんは増えた売上のなかから店に64,000円のカラオケセットを入れるかもしれないし，洋服屋のオヤジだって5万円ばかり，皐月賞でも買ってみるかという展開もありうる。すると電気屋が51,200円の…中央競馬会の天下り役人が…

というように，金額はだんだん小さくなるけど，どこまでも消費を増やす輩が次々にあらわれてきて，全体としては「つごう」，はじめの10億円の何倍かのおおきさの売上や収入の増加となっていくことでしょう。

つまり，政府が10億円を拠出したこと（公共事業）によって，国全体は20億とか30億の国民所得の増加がおこるということです。国民所得の増加は景気がよくなることを意味しますから，政府の最初の10億円はちょっと痛いけど，これが「呼び水」と

大金持ちが酔狂でどうでもいいことに湯水のように大金を使うなんていうのも，とてもいい呼び水になります。300年も前の詩，『蜂の寓話』（マンデヴィル）

なってやがて景気は回復し，税収も増えていく（自然増）わけですから，安いものです。

　この国民所得の増加が最初の拠出額（bet）の何倍のおおきさになっているか，それを示すのが「乗数」の値です。乗数の理論上の計算方法をいちおう，示しておきます。

　これには，労働者が受け取った10万円のなかから消費する分は，1万人が1万人とも同じだと考えるのが便利です。というより，かれらがふだんから収入のうちどれだけの割合を消費にまわすか（**限界消費性向**といいます），これがたとえば，全員8割だとすると，1万人の労働者が消費を増やす分は全部で

　　　10億円×0.8＝8億円

という計算になります。この8億円は飲み屋の女将さんをはじめ，かならずどこかでだれかの売上や収入の増加分となっているはずです。するとその次の段階で，労働者の消費で金まわりのよくなった人たちの消費がおこりますが，この人たちも同じように収入の8割が消費割合だとすると（実は経済全体でみんな8割だと考えてしまうわけですが），全部で

　　　8億円×0.8＝6.4億円

の消費の増加，したがってまただれかの所得の増加が生じます。さらには，

　　　6.4億円×0.8＝5.12億円

の所得の増加が…

　この結果，10億円の公共事業によってもたらされる国民所得の増加はしめて，

　　　10＋8 ＋6.4＋5.12＋…

となります。このどこまでも続く足し算の値がいくつになるかは「無限等比級数の和」を求めることによってわかります。この場合，10でくくってしまうと

はぜいたく，無駄遣い，享楽的生活を経済発展の源泉として称賛しています。江戸時代，尾張徳川家の宗春も本気で浪費・蕩費を奨励して藩経済を活性化しようと考えたようです，失敗しましたが。

無限等比級数の和は,
公比が 1 より小さい場
合にのみ, 公式,
$$\frac{初項}{1-公比}$$
として求めることがで
きる。

$$10(1+0.8+0.8^2+0.8^3+\cdots),$$

つまり, かっこのなかは, 初項が 1 で公比が0.8の無限等比級数の和になっていますから, 第 n 項までの和を計算すると,

$$(1-0.8)(1+0.8+0.8^2+\cdots0.8^{n-1})=1-0.8^n$$

より $\dfrac{1-0.8^n}{1-0.8}$ と求められますから, あとはそれが n を大きくしていったときどんな値に近づくかをみればいいわけです。結局, 国民所得の増加分は

$$10\times\frac{1}{1-0.8}$$

ということになります。このうちの分数の部分を**乗数** multi- plier と呼び, この場合は 5 という大きさになっている, すなわち10億円の公共事業が経済全体で50億円分の景気浮揚効果があるというわけです。

　こうした単純なケースの乗数は一般に,

$$\frac{1}{1-限界消費性向}$$

として表すことができますので, 人々が消費する割合が高い経済であればあるほど, 乗数の値は大きく, 景気刺激効果も大きいことがわかります。

　このように, ケインズは公共事業に代表されるような支出 (**独立支出**といいます) に, その額以上の景気浮揚効果を見いだし, それがさらに「雇用機会を生み出す」効果に注目した。このおはなしは「**有効需要の原理**」と呼ばれる考え方に基づいているものですが, これについてはまたいずれ。

　おはなしはこのへんでおしまいにします。もうおわかりでしょうが, 次のようにおきまりの「プロト・モデル」のわずか 3 本の方程式を中学生のように解くことは実に味気ないけれども, それを拒否するとこれだけしんどいのです。ましてや, 政府活動や海外部門を組み込んだり, 物価や為替レートをも扱う

これらのモデルについては後述，この段階で理解する必要はない。

表 1　プロトモデルと乗数

Y：国民所得，C：消費，I：投資，a, b, I は定数，として，

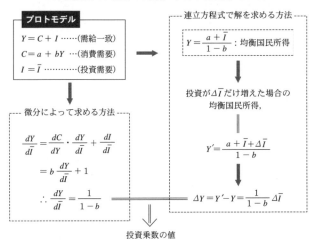

投資乗数の値

ようなすこしばかり現実的な分析をするとなると，モデル・アプローチなくしては地獄です。モデルを作って数学っぽい方法を使えば脳味噌はほとんど使わなくてすむのですから。

2　準備（重要事項への導入）

GNPとはなにか

　日本はかつて「GNP世界第 2 位の経済大国」といわれた。**GNP**，つまり「**国民総生産** Gross National Product」は，一国の経済の大きさを測るモノサシで，国という 1 つの大きな株式会社が 1 年間で稼ぎ出した粗利（あらり）のようなものである。1 年間の生産や販売の過程で，使った原材料の分をうわまわって付け加えられた価値，つまり「**付加価値**」をすべて足し上げた合

計をGNPという。

　ある商店が100円で仕入れた品を1個120円で売ったとしたら付加価値は20円で，その20円だけがGNPの計算に入る。また，その商店に100円で卸したメーカーは，品物1個につき70円の原材料等の費用を使っているとすると，30円の付加価値を生み出していることになり，この30円もまたGNPに繰り入れられる。このとき，商店の売値120円は「最終生産物の価値」と呼ばれるものに相当するのに対し，商店の仕入値100円分（＝メーカーの卸値100円分）とメーカーの仕入値70円分は「中間生産物の価値」と呼ばれるものに相当する。

　こうして計算された付加価値の合計は，1年間の日本全体の総生産額または総売上額から日本全体で使用された原材料・中間生産物の総額を差し引いた額に一致し，それはまた最終生産物の価値の合計でもある。

　付加価値とは生産活動や販売活動が行なわれてはじめて発生する価値なのである。経済学では原則として，「**付加価値を生み出す活動**」を「**生産**」と呼ぶ。小売販売やサービスの提供も生産活動である。

　この場合のGNPは，厳密には「**名目**」GNPといって，物価の上昇分が含まれている。そこで名目GNPから物価上昇分を取り除いてやったのが「**実質**」GNPである。

　金額で表わした経済変数には名目と実質の区別がつねにつきまとう。名目値から実質値を求める方法は次のとおりである。まず，基準になる年を2000年とか2005年というように定め，問題にする年，たとえば2004年の物価指数が「**基準年**」のそれの何倍になっているかを調べる。そして，2004年の名目値をその倍率（「**物価デフレータ**」という）で割ってやれば2004年の実質値が得られる。このため，実質値の場合には「2000年価格」

とかいった但書が付く。「今年度の成長率見通し〇〇％」など
というときは，実質GNPを問題にしていることが多い。

　ところでGNPには，生産に貢献した機械や工場などの固定
資本の消耗分が含まれている。この消耗分（**資本減耗引当**）ま
でも経済活動の成果とみなすのは適当ではないという場合には，
GNPからこの分を控除して得られる「**国民純生産 NNP Net N
ational Product**」という指標が用いられる。そして，NNPから
さらに消費税などの**間接税**を差引き，**補助金**を加算することで
得られる，より純粋な意味での経済活動の成果を測るモノサシ
が「**国民所得NI National Income**」である。

　この場合の国民所得は，１年間の生産活動が絞り出した純利
益を表わしていて，正確には「**生産国民所得**」と呼ぶ。生産国
民所得は，生産に貢献した人々，つまり機械や工場の持主，労
働を提供した人，土地を貸した人に対し，それぞれ利潤，賃金，
地代のかたちで分配され，それらが「**分配国民所得**」となる。
そして分配国民所得は消費や投資となって支出され，それらが
「**支出国民所得**」を構成する。これら３つの国民所得は，同じ
一国が稼ぎ出した正味の儲けをとらえる際に，それがどのよう
に発生したか，どのように分けられたか，どのように使われた
かという３つの異なる観点に立っているだけで，総額は３つと
もすべて等しくなることはいうまでもない（「**国民所得の三面
等価**」）。

GNPとGDP

　「ある一定期間にその国で生産されたすべての財やサービス
の付加価値の合計」が国民総生産（GNP）である。GNPはこれ
まで長いあいだ，一国の経済活動の規模を表わすもっとも基礎

的な指標として，景気予測を行なったり経済政策を立案する際に，また諸外国との比較を行なう場合にもつねに国民所得統計の主役であった。ところが，近年多くの統計からこのGNPという指標はしだいに消え，かわって「GDP」という聞きなれない指標が登場するようになっている。

　　GDPとは，「**国内総生産** Gross Domestic Product」と訳されるもので，「国内で」生産された価値だという点が強調される。つまり，日本人ではなくて外国人の手によって生産された所得であったとしても，それが日本列島のなかで生産されたものであるかぎりはGDPのなかに含まれる。また，そうした所得が海外に送金のかたちで出て行ってしまうものだとしてもはGDPであることに変わりはない。ところが，反対に日本人の手によって生産されたものであっても，それが海外で発生した価値であればはGDPのなかには入らない。たとえばニューヨークに単身赴任している人が日本にいる家族に送金するお金は，アメリカでの経済活動の成果であるからはGDPの一部とはみなされない。

　　これに対し，GNPの場合には「国民が」生産した価値だという点が強調される。したがってニューヨークのお父さん（日本国民）からの日本への送金はGNPに入るが，外国人労働者が日本で働いて稼いだお金は日本のGNPにはならないのである。

　　こうしたGNPとGDPの区別が問題になりはじめたのは，日本企業の経済活動が国際化・多国籍化しているなかで，日本国内でも外国人労働者の占める割合が増えるなど，労働力の国際間移動がここへきて急激に活発になったことが背景となっている。とくに，外国人労働者や外国企業が日本での生産活動によって得た所得は，無視できない大きさであるにもかかわらずGNPには含まれないという点が問題になる。そこで，日本という国

境の内側で行なわれている経済活動の大きさを正当に評価する尺度としては，GDPのほうが適切だとされるようになったわけである。

　対外的にも国内的にも経済の多国籍化が著しく進行している欧米，とりわけEU諸国などでは，一国の経済活動をとらえる場合に，「国内」でとらえるか「国民で」とらえるかの違いは結果として大きな差となって現れる。日本の場合はまだそれほどではないが，欧米諸国と統計の基準を揃えるという意味でも，GNPからGDPへの切り替えは今後ますます進むだろう。実際，日本の国民所得統計でも1993年の7－9月期の速報からGNPを止めてGDP表示で発表されるようになっている。いまのところ，日本の場合，GDPとGNPの違いによる差は，年成長率でいうとせいぜい0.3％程度である。

経済成長率

　「来年の景気はどうなるか」という話しになると，「せいぜい1％がいいところだ」とか「悪くするとマイナス成長だ」というように，きまって成長率の数字が話題に出される。こういうときの成長率とは**実質成長率**，正しくは「実質GNPまたは実質GDPの**対前年比（％）**」を指す場合が多い。実質GNPとは，付加価値の合計額（名目GNP）から物価上昇分を取り除いた値である。その成長率が1％やそこいら高いか低いかでどうしてそんなに大騒ぎするのだろうか。

　「GNP世界第2位の経済大国」という言葉はよく耳にするが，その日本のGNPが実際どのくらいなのかはあまり知られていないようだ。それは500兆円程度。この1％は5兆円，2％は10兆円にあたる。5兆円規模の所得減税をするかしないか，そ

名目値＝実質値×物価（デフレータ）という関係は伸び率の関係に直すと，

名目成長率＝実質成長率＋物価上昇率

となる（数学付録，対数微分法の項を参照）。

147

図1　国民所得統計長期系列（68SNA）

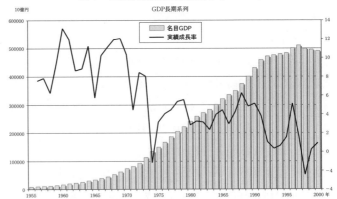

の財源をどうするかで国会は膨大な時間と予算を費やしたりするが，乱暴な言い方をしてしまえば，その額はたかだかGNPの1％である。またGNPを2％下げるだけの勇気があれば，日本の環境問題の多くは解消するとさえいわれる。裏を返せばそれだけ日本のGNPの1％は甚大だということである。

　日本経済は2桁成長が10年以上も続いた高度成長期のあと，1970年以降の20年間を通しておおむね年率4％強という高めの成長を維持してきた。石油ショックによって引き起こされたスタグフレーションをはじめ，幾度か経験した不況時でさえ3％程度の成長は達成したのである。この結果，私たち日本人のあいだに，売上成績のグラフは右肩上がりがあたりまえ，給料も去年より上がって当然，といったような意識が定着してしまった。ところが，戦後最悪といわれる平成不況は少し様子が違った。バブル崩壊をきっかけに，1991年度から減速を開始した日本経済は10数年間にもわたって1％ないし2％の低成長にあえぎ続けてきたのである（図1参照）。

　このところ，景気回復の兆しが見え始めたとはいえ，かつてのような勢いのある回復の足取りではない。高度経済成長時代

とそれに続く大衆消費時代を経て成熟した先進工業国が，いまいちど全般的に高度成長を遂げるというようなことは，よほどの技術革新か大戦争でも起こらないかぎりありそうにない。すでに十分にモノがいきわたり，社会資本もそこそこに整備された社会で，新たな成長の誘因を見いだすのはむずかしい。おまけに，平成不況からの脱却は，自由な競争を謳った構造改革をともない，その結果生じた経済格差の問題が深刻になりつつある。要するに，日本経済はいま，成長を続けてきた結果その物理的な限界に近いところまで来ているのかもしれない。この限界を「**技術革新**」によって少しづつ突破しながら無理を承知で少しでも高めの成長を目指すか，それとも北欧の先進国のようにマイナス成長も厭わないような低レベルの安定成長に甘んじる，平等な福祉国家を目指すか，厳しい選択の岐路に立たされているといってもよいだろう。

産業連関の視点

マクロモデルは，経済の因果関係をもとにして作り上げた一つの模型であり，時間の流れのなかで刻々と変化する経済変数の動きをとらえる場合に適している。しかし，もう少し個別の視点が必要になる場合もある。たとえば，鉄板の値段が20％上がったら自動車の価格はどのくらい上がるかとか，乗用車の販売台数が5割増えたら自動車以外のどの産業がいちばん売上を伸ばすか，といった問題がそれである。こうした問題に対しては，マクロモデルは残念ながらあまり有効ではない。そこで登場するのが「**産業連関表**」である。これは，経済のある時点における産業と産業のあいだの相互依存関係を**マトリックス**のかたちで表わした数表であり，経済の「**構造**」をとらえるための

経済表については，
p.17を参照のこと。

ものである。

　産業連関表の起源は，古くは200年以上も前に**フランソワ・
ケネー**という医者が記した**『経済表』**にまで遡ることができる
が，今日の産業連関表の基礎となる考え方としては，1920年代，
革命直後のロシアの経済政策にみることができる。当時のソ連
の政策立案者たちは，革命と戦争で疲弊しきった経済を立て直
すために，国営化した基幹産業から末端の民営商店にいたるま
での関係をどうとらえればよいか，それらをどう結び付ければ
経済はいちばんうまく機能するかで頭を悩ませていた。そこか
ら「ネップ」と呼ばれる経済政策が誕生するわけだが，この政
策を理論的に裏付けていた考え方が，のちにアメリカに渡った
亡命学者，**ワシリー・レオンチェフ**の発表した**『アメリカ経済
の構造』**という本によって陽の目をみることになる。

　今日，政府関係の研究機関などで実際に経済分析に使われて
いる産業連関表には，気が遠くなるほどの量の数値がお行儀よ
く整然と並んでいる。産業の数は500にも及び，したがって500
×500＝25万もの数値が並んでいることになる。これらの数値の
うちの一つ，たとえば将棋盤ふうにいって，6（行）－8（列）
"飛車"という位置にある数値は，6番目の産業が鉄鋼業で8
番目の産業が自動車だとすると，自動車1台を生産するのに使
われる鉄板の量を表している。また，2番目の産業がガラスだ
とすると，2－8の位置に入っている数値は，自動車1台に使
われているガラスの量ということである。さらに，8－2の数
値はガラス産業で運搬や配達のために使われる自動車の台数，
ただしガラス1枚あたりで計算した台数を表わしている。

　こうした数値をただ見比べてみるだけで，少なくともどの産
業とどの産業が密接な関係にあるかは一目瞭然である。そして，

産業連関分析の最大の強みは，逆行列を計算することにより，
ある産業で価格や生産量が変化した場合に，それが全産業にど
のような「**波及効果**」となって現れるかが手にとるようにわか
るという点にある。

　産業連関表はいまや，先進国はもちろん，発展途上国の一部
でも，ほとんど同じ基準のもとで作成されている。産業連関表
が拠って立つところは，「車1台作るのにどれだけの鉄が要る
か」という，経済発展度の違いや経済体制の違いを越えてどこ
でも成立する客観的な事実関係であり，その意味ではきわめて
汎用性の高い分析用具だといえる。

Chapter 7

経済の循環と活動水準の決定

1　産業連関表

「産業連関表 inter-industrial table, input-output table, i/o table」の原理はじつに単純である。ある生産物を1単位生産するのにどの生産物がどれだけずつ必要であるかを表わした「投入係数行列表」と，そこから得られる「逆行列表」を用いることにより，さまざまな経済分析が可能になる。また，産業連関表は，GDPなどの国民所得統計とも整合性があり，国民経済全体としての経済活動水準がどのように決まっているかを理解するうえで重要な概念である。

実際の産業連関表（13部門表）

産業連関論の基礎を学ぶ前に，実際の産業連関表をチェックしておこう。

⇩

参考資料：2005年産業連関表（生産額表，13部門）

産業連関表の数値は本来「物量」であるべきだが，現実に物的数量を把握することは困難なので，金額表示をもってこれに代える（生産額表）。そうなるとたとえば，各産業の「生産物10億円分」をその物量単位とみなしていることになる。

153

表 2　平成17年（2005年）

生産者価格評価表

	01 農林水産業	02 鉱 業	03 製造業	04 建 設	05 電力・ガ ス・水道	06 商 業	07 金融・保険
01 農林水産業	1661615	504	7799128	87905	0	9311	0
02 鉱 業	626	2920	12635365	496583	3302484	0	0
03 製造業	2561866	65185	131701191	17954185	2003182	3485940	1323916
04 建 設	65697	6518	1197953	143850	1277933	651679	164048
05 電力・ガス・水道	111961	30467	5668045	262936	1891200	2049907	216323
06 商 業	521777	25063	17618541	4121479	544652	1839903	264900
07 金融・保険	226281	70008	3843999	937841	710066	5707629	4478944
08 不動産	4520	7829	620668	160378	179962	2879732	569767
09 運 輸	632392	261458	8417470	3345270	787042	5460080	820643
10 通信・放送	37206	11267	2488207	762075	549087	4223835	2340068
11 公 務	0	0	0	0	0	0	0
12 サービス	204206	57478	21172550	5169788	2452297	6522368	4809489
13 分類不明	181675	12053	973048	494201	107783	629077	107801
35 内生部門計	6209822	550750	214136165	33936491	13805688	33459461	15095899
37 家計外消費支出	70423	53605	4508749	990172	480068	2469516	1126578
38 雇用者所得	1170904	186157	47194983	22266776	4713230	42068805	11577132
39 営業余剰	3945518	70129	13758313	588368	2346411	19876539	8501416
40 資本減耗引当	1330050	83140	14018412	3450822	4281833	6295756	4495718
41 間接税（除関税）	573381	66460	13709622	2191474	1616082	3806231	1901461
42 （控除）経常補助金	−138726	−1959	−287449	−301865	−258770	−73449	−1111419
54 粗付加価値部門計	6951550	457532	92902630	29185747	13178854	74443398	26490886
57 国内生産額	13161372	1008282	307038795	63122238	26984542	107902859	41586785
58 国内純生産(要素費用)	5116422	256286	60953296	22855144	7059641	61945344	20078548
59 国内総生産	6881127	403927	88393881	28195575	12698786	71973882	25364308

	39 一般政府 消費支出	40 国内総固定 資 本 形 成	42 在庫純増	43 国　　内 最終需要計	44 国内需要計	47 輸出計	48 最終需要計
01 農林水産業	0	198070	715727	4475104	15340129	63233	4538337
02 鉱 業	0	−8432	−97764	−121312	16333753	34759	−86553
03 製造業	335076	34991281	1146936	96401766	294749196	56710373	153112139
04 建 設	0	54002525	0	54002525	63122238	0	54002525
05 電力・ガス・水道	634473	0	0	8949070	26959772	41016	8990086
06 商 業	6201	12402525	202051	62920695	100047388	8560071	71480766
07 金融・保険	0	0	0	11941943	41431380	654576	12596519
08 不動産	37145	0	0	57960776	66203677	3721	57964497
09 運 輸	−74772	802866	74874	16155494	48736365	5675342	21830836
10 通信・放送	35886	8408553	−11466	19565410	46296185	283659	19849069
11 公 務	36641567	0	0	37428210	38537877	0	37428210
12 サービス	53426045	2810000	0	136552567	209804737	2011482	138564049
13 分類不明	0	0	0	17751	4540762	281106	298857
35 内生部門計	91041621	113607388	2030358	506249999	972103459	74319338	580569337

http://www.stat.go.jp/data/io/io00.htm

生産者各区評価表（13部門）

単位：100万円

08 不動産	09 運輸	10 通信・放送	11 公務	12 サービス	13 分類不明	35 内生部門計	37 家計外消費支出	38 民間消費支出
81	1939	0	2136	1302406	0	10865025	79972	3481335
0	4575	0	429	10748	1335	16455065	-7052	-8064
141551	6764158	2731257	2877205	26273139	464655	198347430	2953235	56975238
3047681	505823	233419	588219	1236893	0	9119713	0	0
219818	959521	440558	1265319	4817329	77318	18010702	6376	8308221
63231	1635185	710848	585323	9113709	82082	37126693	2767662	47542256
3798522	2220168	636153	126344	4406496	2326986	29489437	250	11941693
378002	749394	897579	36347	1745183	13540	8242901	0	57923631
148973	5923018	1102304	1196040	4287425	198756	32580871	470470	14882056
137929	604955	4807870	1340661	9299246	128369	26730775	174754	10957683
0	0	0	0	0	1109667	1109667	0	786643
1457644	6780965	6757982	2119529	15404914	342960	73252170	10968410	69348112
236313	252638	488185	11325	1028912	0	4523011	0	17751
9629745	26402339	18806155	10148877	78926400	4745668	465853460	17414077	282156555
187620	884857	2302482	544888	3756607	38512	17414077		
2129177	14741551	12367442	16181351	84216961	106763	258921232		
29009510	2737010	4727276	0	15919804	-1178211	100302083		
21648821	3974886	6137019	11556133	19585727	435566	97293883		
3677205	2182496	1603291	106628	6049454	44690	37528475		
-76143	-178729	-7708	0	-1069832	-619	-3506668		
56576190	24342071	27129802	28389000	128458721	-553299	507953082		
66205935	50744410	45935957	38537877	207385121	4192369	973806542		
31138687	17478561	17094718	16181351	100136765	-1071448	359223315		
56388570	23457214	24827320	27844112	124702114	-591811	490539005		

単位：100万円

49 需要合計	50 (控除)輸入	51 (控除)関税	52 (控除)輸入品商品税	53 (控除)輸入計	54 最終需要部門計	57 国内生産額	59 国内総支出
15403362	-2092712	-42648	-106630	-2241990	2296347	13161372	2216375
16368512	-14054291	-36891	-1269048	-15360230	-15446783	1008282	-15439731
351459569	-41105930	-803663	-2511181	-44420774	108691365	307038795	105738130
63122238	0	0	0	0	54002525	63122238	54002525
27000788	-16246	0	0	-16246	8973840	26984542	8967464
108607459	-704600	0	0	-704600	70776166	107902859	68008504
42085956	-499171	0	0	-499171	12097348	41586785	12097098
66207398	-1463	0	0	-1463	57963034	66205935	57963034
54411707	-3667297	0	0	-3667297	18163539	50744410	17693069
46579844	-641102	0	-2785	-643887	19205182	45935957	19030428
38537877	0	0	0	0	37428210	38537877	37428210
211816219	-4430803	0	-295	-4431098	134132951	207385121	123164541
4821868	-628549	-467	-483	-629499	-330642	4192369	-330642
1046422797	-67842164	-883669	-3890422	-72616255	507953082	973806542	490539005

　この産業連関表はおおまかに分けて以下のように3つのパーツから構成されている。生産物は矢印で示すように「行」の産業から「列」の産業へと流れる。

表3　生産額表（13部門）

投　入	産　出	中間需要	最終需要
		01　農林水産業 …13　分類不明	35　家計外消費支出 …51　（控除）輸入計
中間投入	01　農林水産業 ： 13　分類不明		
付加価値	35　家計外消費支出 ： 40　（控除）経常補助金		

（欄外注）家計外消費支出とは，宿泊費・日当，交際費，福利厚生費といったいわゆる「企業消費」のこと。

産業連関表のしくみ（2部門表）

　さて，以下の産業連関表は現実の経済をひどく抽象化した2部門表である（「**生産額表**」）。産業部門数が500であろうと2つであろうと，しくみは同じである。

表4　生産額表（2部門）

投入	産出	中間需要		最終需要	合　計
		農　業	工　業		
中間投入	農　業	150	240	110	500
	工　業	250	900	350	1,500
賃金（雇用者所得）		65	200		
利潤（営業余剰）		35	160		
合　計		500	1,500		

　この表は金額表示だから横方向も縦方向も単純に足しあげて同じ合計金額を計算することができるが，本来の物量表は横方向しか合計を計算することはできない。

156

［農業の例でいえば，金額表示でこそ，150＋240＋110＝150
＋250＋65＋35＝500が成り立つが，物量表示だと150と250では
内容が物理的に異なり，足しあげることはできない］

　また，この経済における最終需要の合計と賃金と利潤の合計
（「**総付加価値**」という）はともに460で等しくなっている。こ
の大きさはいわゆるGDPとか**国民所得**に相当するものであり，
最終需要計と総付加価値の一致は，国民所得の三面等価のうち
の2面，すなわち支出国民所得と分配国民所得の一致を意味す
る。

投入係数表と逆行列表

　産業連関表には，この生産額表をもとに作成した，以下のよ
うな「**投入係数表**」がある。

表5　投入係数表

投入　　↑　産出	農　業	工　業
農業	0.3	0.16
工業	0.5	0.6

　これらの係数は，「各産業の生産物1単位を生産するのに，
それぞれの産業の生産物がどれだけ必要か」を表わしている。
　この投入係数を行列として並べたものを「**投入係数行列**」と
呼び，いっぱんに，行列 A で表わすことになっている。つまり，
いまの例でいえば，

$$A = \begin{pmatrix} a_{11} & a_{12} \\ a_{21} & a_{22} \end{pmatrix} = \begin{pmatrix} 0.3 & 0.16 \\ 0.5 & 0.6 \end{pmatrix}$$

である。

157

ここで，先の，各産業の行，つまり横方向の集計作業（農業：150＋240＋110＝500）は，投入係数を用いて，

0.3×500＋0.16×1500＋110＝500

0.5×500＋0.6×1500＋350＝1500

と書くことができる点に注目する。最終需要と総生産の大きさをそれぞれ，

$$f = \binom{f_1}{f_2} = \binom{110}{350}, \quad x = \binom{x_1}{x_2} = \binom{500}{1500}$$

という列ベクトル f, x で示すことにすると，横方向の集計は以下のような簡単な1本の行列方程式に集約しうる。

$$Ax + f = x$$

この方程式は産業の数が500あっても1000あっても同じで，つねに1本である。

さらに，これを生産量ベクトル x についての方程式体系とみなし，x について解いた解，

$$x = (I-A)^{-1} f$$

は，各産業の最終需要に対応した，各生産物の「**必要産出量**」を示すことになる。この，最終需要（既知）に対して左から乗じるべき逆行列（既知）は「**レオンチェフ逆行列**」と呼ばれ，産業連関分析におけるもっとも重要な概念とされている。

したがって，これにより，たとえば，ある特定の産業の最終需要が変化した場合，経済全体で何の生産量をどれだけ変更する必要があるか（**生産誘発効果**）を知ることができる。

つまり，第 i 番目の産業が特定の産業だとして，第 i 要素だけを1とし，それ以外のすべての要素を0とした列ベクトルを，レオンチェフ逆行列に右乗して得られる列ベクトルは，第 i 産業の最終需要が1単位だけ変化した場合，どの産業でどれだけ

の生産が誘発されるかを示すものである。第 i 産業がたとえば自動車産業だとしたら，新車が1台余分に売れることによって，各産業でどれくらいの波及効果があるかを原理的に知りうるというわけである。

影響力係数と感応度係数

　産業別の生産誘発効果は具体的には，次の2つの係数を算定することによって測定できる。

影響力係数： $\dfrac{\sum_i (I-A)_{ij}^{-1}}{\dfrac{1}{n}\sum_j \sum_i (I-A)_{ij}^{-1}} = \dfrac{\text{逆行列要素の列和}}{\text{全産業列和平均}}$

どの最終需要の増加があったときに，産業全体に与える生産波及の影響が強いかを相対的に表わす指標

感応度係数： $\dfrac{\sum_j (I-A)_{ij}^{-1}}{\dfrac{1}{n}\sum_i \sum_j (I-A)_{ij}^{-1}} = \dfrac{\text{逆行列要素の行和}}{\text{全産業行和平均}}$

すべての最終需要が等しく増加したときに，どの産業が相対的に強い生産波及の影響を受けるかを表わす指標

　近年の日本経済における影響力係数は，一次金属，輸送用機械，パルプ・紙・紙加工品といった部門が高い値を示しているのに対し，石油・石炭製品，教育，不動産業といった部門の値が低くなっている。また，感応度係数は，一次金属，専門・科学技術，業務支援サービス業，卸売・小売業といった部門で高く，情報・通信機器，教育，公務といった部門で低くなっている。

内閣府，平成29年「SNA産業連関表結果の概要」より。

> **練習問題 1**
>
> いっぱんに，２部門のレオンチェフ逆行列は，
>
> $$(I-A)^{-1}=\frac{1}{(1-a_{11})(1-a_{22})-a_{12}a_{21}}\cdot\begin{bmatrix}1-a_{22} & a_{12}\\ a_{21} & 1-a_{11}\end{bmatrix}$$
>
> という計算により求めることができる（この公式？は，中学で習っ
> た連立方程式を解いて力ずくで求めることもできる）。先の例にお
> けるレオンチェフ逆行列を求め，農業の最終需要が10だけ増えた場
> 合に，経済全体で必要となる生産量の変化を調べてみよう。

2　フローとしての国民所得

バスタブの水かさ

　一国のマクロ経済の活動水準を，バスタブに張った水の水か
さ（容積）にたとえてみよう。そこには，消費というメインの
蛇口のほかに，投資，政府支出，輸出という３つのサブの蛇口
から水が注入され，貯蓄，租税，輸入という３つの排水孔から
水が漏れていくようになっている。空っぽの状態からスタート
して，一定期間に溜まった水かさ，つまり注入した分が漏出し
た分をどれだけ上回ったかが，支出面でみたGDPの大きさを
表わすことになる。

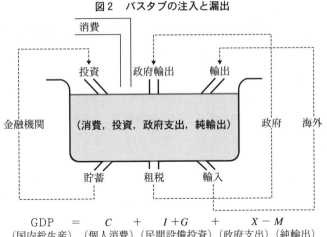

図2　バスタブの注入と漏出

$$\underset{\text{(国内総生産)}}{\text{GDP}} = \underset{\substack{\text{(個人消費)}\\ \text{Consumption}}}{C} + \underset{\substack{\text{(民間設備投資)}\\ \text{Investment}}}{I} + \underset{\substack{\text{(政府支出)}\\ \text{Government Expenditure}}}{G} + \underset{\substack{\text{(純輸出)}\\ \text{Net Export}}}{X - M}$$

Gross Domestic Product

　この関係式は，生産された付加価値の合計（GDP）がどのように支出されたかを示すものである。いっぱんに「**需要項目**」と呼ばれる，これらの各支出を簡潔に解説しておこう。表6は，GDPの需要項目別の推移を示したものである。もちろん，すべて「**フロー**」の変数である。

消費：家計が，受取った所得（収入）のなかから，財やサービスの購入に支出した分。たとえば，毎日の食事や衣服，家電製品等，あるいはレジャーで使うマイカーなども消費の対象である。「**民間最終消費支出**」，「**民間消費**」，「**個人消費**」等はほぼ同義で，みな家計の消費を示すものである。

投資：企業がその生産活動に必要な設備等の購入に支出した分のこと。たとえば，工場に配備する大型プラントや機械類等を，あらたに購入した分，すなわち，「固定資本」を一定期間のあいだに「積み増し」した分である。商用車の購入は，家計のマイカーとおなじ車でも

経済変数が示す量を川の流れにたとえるなら，一定期間のあいだにある地点を流れた水量が「フロー」，これに対し，ある時点で貯水池に貯まっている水の量が「ストック」。所得やその需要項目はフロー，資産やマネーサプライはストックである。

消費ではなく投資として扱われる。住宅投資は家計の行なう唯一の投資とみなされる。「**民間企業設備投資**」,「**民間固定資本形成**」,「**民間投資**」等はほぼ同義で,みな企業の投資を表わす。

政府支出：政府の消費（「**政府購入**」）と政府の投資（「**公的資本形成**」あるいは「**公共投資**」）の合計。家計の消費や企業の投資とは別の要因,つまり政策によって決まる。

輸出：国内で生産された財やサービスを海外の行動主体が購入した分。

輸入：海外で生産された財やサービスを国内の行動主体が購入した分。この支出分は,国内経済には還元されることはないので,GDPの需要項目からは控除される。

一方,支出されないで国内経済から漏れていく分には,輸入のほかに,貯蓄と租税がある。

貯蓄：家計や企業が受取った収入のうち,支出しなかった分。

租税：政府が必要な支出を行なうための資金源であるが,これは,政府が支出しなかった分とみなすことができる。所得税や法人税といった**直接税**と,消費税や酒税等の**間接税**とに分けられる。

　ここで,水かさを増やすためには,単純に考えるなら注入を増やして漏出を減らせばよいわけだが,そう簡単にはいかない。

　投資の資金源としての貯蓄,政府支出の源泉としての租税という点を考慮すれば,投資や政府支出だけを一方的に増やすことはできないし,輸出ばかりして輸入をしないというのも対外的に無理である。

　つまり,注入と漏出のバランスをいかにうまくとりながら,消費というメインの蛇口から多くの注入を引き出すかが水かさ

（GDP）を増やすカギとなる。

国民所得の諸概念

　国内総生産：GDPを基準に，
・国内総生産－固定資本減耗分＝国内純生産：NDP（Net Domestic Product）
・国内純生産－（間接税－補助金）＝国民所得：NI（National Income）
・国民所得－（直接税＋社会保険料＋企業留保利潤等）＝家計可処分所得：DI（Disposable Income）
などの指標が得られる。これらの指標はそれぞれ利用目的・用途によって使い分けるが，経済学では，これらの指標の総称として「国民所得」という用語を使う場合も少なくない。

図3　国民所得の諸概念

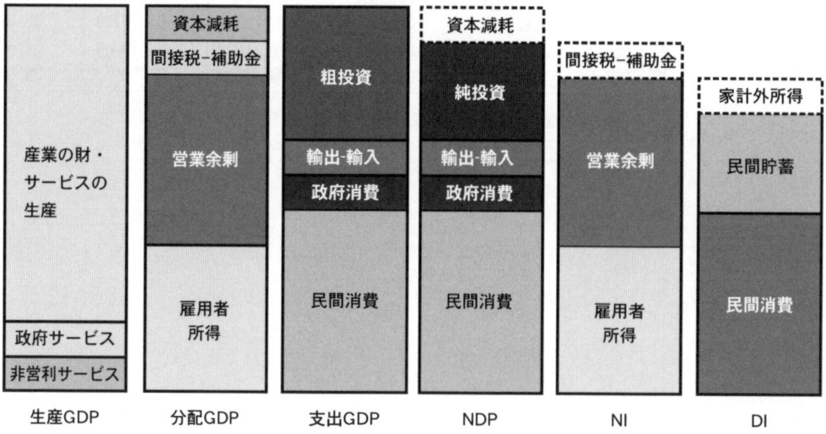

表 6　需要項目別国内総生産

	民間最終 消費支出	政府最終 消費支出	民間住宅投資	民間企業設備	公的固定 資本形成
1994	268,441.6	75,374.0	26,647.9	75,537.7	45,824.1
1995	274,165.0	78,735.6	25,194.3	80,449.9	45,776.3
1996	280,007.7	81,228.0	28,157.1	83,477.1	48,212.2
1997	285,192.0	83,323.8	25,312.5	86,417.6	45,357.0
1998	283,489.6	84,271.0	21,493.6	84,511.9	42,840.4
1999	284,793.6	85,856.4	21,258.2	78,763.5	44,605.3
2000	286,588.7	88,760.7	21,276.1	82,768.1	40,193.0
2001	288,932.6	91,707.3	20,112.1	80,616.9	38,105.1
2002	288,263.7	93,533.5	19,249.9	74,131.7	35,770.7
2003	287,150.1	93,768.7	18,975.1	73,980.8	33,133.8
2004	289,275.2	94,310.0	19,381.5	75,645.2	30,271.2
2005	291,543.2	94,958.3	19,366.1	81,556.1	28,019.6
2006	294,443.8	94,590.2	19,809.3	83,395.8	27,027.0
2007	296,034.5	95,414.7	18,279.8	84,067.5	25,884.2
2008	294,952.5	95,600.5	17,492.3	82,047.1	25,236.1
2009	286,312.7	96,111.8	14,273.9	68,967.3	26,217.9
2010	288,956.4	97,527.0	13,636.8	67,594.4	25,492.8
2011	286,254.9	99,204.5	14,337.9	69,406.5	23,893.2
2012	290,241.7	100,240.9	14,573.7	71,969.0	24,423.1
2013	296,672.6	101,469.2	16,101.7	74,944.5	26,335.3
2014	300,083.2	103,561.6	15,959.0	79,944.6	27,242.2
2015	300,612.1	105,297.1	15,926.1	83,338.6	27,138.3
2016	298,240.4	106,574.9	16,753.4	81,347.1	26,852.3
2017	302,642.0	107,106.9	17,310.9	85,134.1	27,446.9
2018	304,427.8	108,335.3	16,440.9	87,509.7	28,020.6

出所：内閣府 2018年度国民経済計算（2011年基準・2008SNA）

（名目暦年，連鎖方式）

（単位：10億円）

民間在庫品増　加	公的在庫品増　加	輸　出	（控除）輸入	国内総生産
−188. 4	357. 4	45, 156. 7	35, 613. 3	501, 537. 7
1, 631. 5	110. 0	45, 984. 2	39, 505. 1	512, 541. 7
2, 192. 8	252. 0	49, 841. 6	47, 561. 5	525, 806. 9
2, 726. 8	167. 2	56, 345. 9	50, 700. 2	534, 142. 5
1, 761. 6	−82. 4	55, 556. 3	45, 965. 1	527, 876. 9
−3, 584. 4	−119. 2	51, 714. 5	43, 636. 2	519, 651. 8
−420. 4	11. 5	55, 959. 8	48, 431. 5	526, 706. 0
180. 5	−101. 8	53, 498. 7	50, 046. 5	523, 005. 0
−1, 849. 7	−83. 6	56, 852. 5	49, 882. 4	515, 986. 2
−227. 8	−118. 4	59, 989. 0	51, 250. 6	515, 400. 7
1, 612. 1	−62. 2	67, 579. 8	57, 047. 4	520, 965. 4
741. 0	37. 2	73, 443. 8	65, 532. 6	524, 132. 8
176. 6	−13. 2	83, 631. 1	76, 180. 9	526, 879. 7
1, 914. 9	29. 1	93, 009. 9	82, 946. 4	531, 688. 2
3, 001. 2	47. 8	90, 729. 7	88, 391. 4	520, 715. 7
−5, 081. 4	1. 9	61, 290. 0	58, 593. 2	489, 501. 0
−117. 2	−44. 1	75, 237. 0	67, 929. 3	500, 353. 9
946. 0	34. 0	73, 342. 7	76, 011. 1	491, 408. 5
1, 112. 5	51. 4	71, 990. 3	79, 645. 4	494, 957. 2
−665. 0	−25. 6	80, 082. 4	91, 739. 6	503, 175. 6
−331. 5	84. 8	90, 135. 4	102, 803. 3	513, 876. 0
1, 181. 7	52. 5	93, 570. 6	95, 797. 2	531, 319. 8
477. 0	−15. 0	87, 112. 6	81, 805. 5	535, 537. 2
1, 155. 9	22. 5	96, 906. 9	91, 828. 6	545, 897. 4
1, 055. 5	59. 1	101, 354. 5	100, 078. 0	547, 125. 5

3　三面等価の原則

国民所得（GDP）には，三面等価と呼ばれる重要な原則がある；

生産：production ┐
　　　↓
分配：distribution ┤ の3つの側面から見たGDPは同じ価値
　　　↓　　　　　 ：「生産されたものがすべて分配され，
支出：expenditure ┘　　　分配されたものがすべて支出される」

三 面 等 価

　生産された付加価値は，生産に貢献した主体に報酬として**分配**され，各主体は受け取った分け前から**支出**する。経済全体としては，これらの，生産された付加価値の合計，分配された付加価値の合計，支出された付加価値の合計は，総額ですべて等しくなっていなければいけないという考え方が**三面等価の原則**である。

・生産面＝各企業が生産した付加価値の合計（生産額－中間財購入額）

・分配面＝雇用者所得＋営業余剰＋固定資本減耗＋海外純要素所得
　　　　　＋間接税－補助金

・支出面＝民間最終　＋政府最終　＋国内総固定　＋純輸出＋(在庫品増加)
　　　　　消費支出　　消費支出　　資本形成

　　　　＝　C　　＋　I　　＋　　G　　＋　X－M
　　　　　（消費）　（投資）　（政府支出）　（純輸出）

▼生産された付加価値の合計（「**国内総生産**」＝「**生産国民所得**」）
　はまず，

▼生産活動に貢献したさまざまな行動主体への「**報酬**」として
　分配される（「**分配国民所得**」）。

▼つぎに，各行動主体は受け取った所得を消費や投資といった
　さまざまな需要項目別の「**支出**」に回わす（「**国内総支出**」＝
　「**支出国民所得**」）。

意図せざる投資

　こうした生産→分配→支出という流れがもし，滞りなくス
ムーズに行なわれていれば，３つの国民所得は一致するはずで
ある（「**三面等価**」）。しかし，現実にはそんなことはありえない。

　とりわけ，家計が受け取った所得のうち消費されなかった分，
すなわち貯蓄が，企業の投資資金となって滞りなく支出されて
いなければならないが，家計の意図する貯蓄と企業の意図する
投資が一致する保証などどこにもない。ところが，経済統計上
はこれらはつねに一致する，つまり三面等価が成立するように
できている。

　たとえば，企業の意図した売上予想を現実の消費が下回った
としよう。すると，その分だけ貯蓄が予想外に多かったことに
なる。しかし，この売れ残り分は企業の「**在庫品増加**」として
「**在庫投資**」に算入される。企業が機械などの投資財を生産し
ている場合も同様で，売上予想を現実の投資が下回ったならそ
の分だけの在庫投資がなされたとみなすわけである。そうする
と，貯蓄の多かった分は在庫投資の増加分にちょうど等しくな
るはずである。

　そして，在庫投資を「**意図せざる投資**」として投資のなかに

167

含めるように定義すれば，経済統計上「**事後的には**（ex-post）」，
貯蓄と投資はつねに等しくなることになる。

総需要と総供給の一致

　家計の行なう消費，企業の行なう投資，政府の行なう政府支
出といった需要項目の「源泉」は，それぞれ家計可処分所得，
企業貯蓄，政府純租税（税収−補助金・移転支出）として分配
された国民所得である（この場合厳密には資本減耗を取り除く
必要がある）。そして，これらの分配国民所得が生産された付
加価値のすべてだとすれば，それは需要という行動をとるため
に必要な「供給源」を表わしていることになる。そこで，さし
あたっては，家計可処分所得，企業貯蓄，政府純租税の合計を
当面の「総供給」とみなすことにしよう。

　これより，「受け取ったもの（＝生産されたもの）がきちん
と使われたかどうか」という意味での「総供給＝総需要」を定
式化することができる。ただし，この段階ではあくまでも，
「事後的な」三面等価の成立を意味するものにすぎない。

　以下は「事後的な」総需要＝総供給より導かれる重要な関係
を整理したものである。

ポイント

　　総需要＝民間消費＋民間投資＋政府支出＋輸出−輸入
　　［支出GDP］

　　総供給＝家計可処分所得＋企業貯蓄＋政府純租税
　　［分配GDP］［民間消費＋家計貯蓄］　　　［直接税＋間接税−補助金−移転支出］

　　　　　＝民間消費＋民間貯蓄＋政府純租税

受取った所得は，消
費されるか，貯蓄され
るか，さもなくば税金
で持って行かれるか，
の3通りの出て行き方
しかない。

ポイント

総需要＝総供給（三面等価のうちの二面等価値）より

　（民間投資－民間貯蓄）＋（政府支出－租税）＋（輸出－輸入）＝０

　または

　　（X－M）　＝（T－G）　　＋（S－I）

を得る。この「マクロ・バランス式」は，一国のマクロ経済の部門
間バランスを示す重要な関係式である。これをさらに変形して，

（輸出－輸入）＝（租税－政府支出）＋（民間貯蓄－民間投資）
　[純輸出]　　　[政府購入＋公共投資]

　　　　　＝　公的貯蓄　＋民間貯蓄－　国内投資
　　　　　　[租税－政府購入]　　　　　[民間投資＋公共投資]

　　　　　＝　国民貯蓄　－国内投資
　　　　　　[公的貯蓄＋民間貯蓄]

　　　　　＝対外純投資

を得る。

4　国民所得の決定（経済の規模の決定）

　マクロ経済を分析するにあたっては，なによりもまず，国民
経済の活動水準はなにによって決まるのか，GDPがなぜ500兆
円であって，200兆円ではないのかを説明する必要性がある。こ
れを説明する理論を，古くから「国民所得の決定理論」などと
いう。

消費関数

　まず，経済の総需要を構成する最大の需要項目，消費が次の
ような国民所得の一次関数に従って決まるものとしよう。

マクロの消費をこうした単純な一次関数によって説明するミクロ的な根拠はどこにもない。ところが，現実の消費とGDPの数値は，不思議なことにほぼ直線で示しうるような関係にあり，回帰分析をしてみるとこれほどフィットのいい関係も経済変数のなかでは珍しい。だからといって，この直線の消費関数が理論的に正当化されるわけではない。

$$C = a + bY, \text{ or } C_t = a + bY_{t-1}$$

ただし，Y は国民所得，C は消費，a，b はともに正の定数

↓

所得に占める消費の割合は所得が高いほど小さくなる

$C = C(Y)$，または $\Delta C = C(\Delta Y)$

$\dfrac{C}{Y}$：平均消費性向（*APC*：Average Propensity to Consume），

$\dfrac{\Delta C}{\Delta Y}$：限界消費性向 $= b\,(0 < b < 1)$（*MPC*：Marginal Propensity to Consume）

a：基礎消費

図4　消費関数

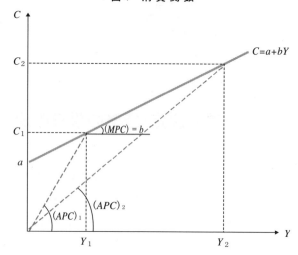

国民経済モデルによる分析

マクロ経済のおおまかな仕組みを把握するために，高度に抽象化した模型を構築してアプローチする。まず，もっとも単純な「プロト・モデル」から分析する。ここでは，総需要は消費

と独立投資のみから成り，政府部門も海外部門も存在しない経済を想定する。消費は先に示したような消費関数に従うものとし，残る需要項目は，つねに一定の大きさで示される独立投資しかないものとする。そのうえで，総需要＝総供給を統計上の事後的関係としてではなく，「均衡条件」として組み入れるなら，経済の活動水準はどのように決まるかを見てみよう。

プロトモデル

$$Y = C + I \text{————(需給一致)}$$

$$C = a + bY \text{————(消費需要)}$$

$$\Leftrightarrow S = -a + (1-b)Y \text{————(貯蓄需要)}$$

$$I = \bar{I} \text{—————(投資需要)}$$

事前 vs 事後

マクロ経済変数には，当該生産期間のはじめの時点（期首，事前）における大きさを表わす変数なのか，おわりの時点（期末，事後）における大きさを表わす変数なのかの区別が重要な場合がある。

ex-ante：**事前**

ex-post：**事後**

▼事前的な生産計画が，投資を含めてそのまま実現するものとする（$Y_a = Y_p = Y$）。

▼計画された投資 I_a と実現された投資 I_p との不一致は，在庫調整（の一部を構成）によって期末までに解消されたものとみなす。→三面等価の原則

投資はいっぱんに，経済の活動水準（ないしは景気の局面）に依存して決まる**誘発投資**と，それとは無関係に決まる**独立投資**とに分けて考えられる。そして多くの場合，誘発投資は資本ストックの正味の積み増しを意味するのに対し，独立投資は減耗した資本ストックの補填を意味する。

以下，各変数の事前・事後の区別は，それぞれ a と p のサブスクリプトによって示す。

$$\boxed{\begin{array}{ccc}
\text{計画された投資 } I_a \gtreqless \text{ 実現される投資 } I_p \\
\downarrow \qquad\qquad\qquad\qquad \uparrow \\
\text{生産計画＝事後的生産 } Y \qquad\qquad (\, I_p = S_a \,) \\
\downarrow \qquad\qquad\qquad\qquad\qquad\qquad \\
\text{消費計画 } C_a \qquad \rightarrow \qquad \text{貯蓄計画 } S_a\,(= Y - C_a\,)
\end{array}}$$

ところが，i）のケースには <u>正の在庫投資</u>（$I_v = I_p - I_a > 0$），iii）のケースには <u>負の在庫投資</u>（$I_v = I_p - I_a < 0$）がそれぞれ行なわれる結果，事後的には，ii）の，$I_p = S_a = S_p$（ただし $I_p = I_a + I_v$）がつねに成立する。

i）　$I_a < I_p$ のとき，$I_a < S_a$，すなわち $C_a + I < Y$ であるから，需要以上の生産を行なったことになる。このため，超過供給分が，売れ残りとして在庫に積増しされる。

ii）　$I_a = I_p$ のとき，$I_a = S_a$ で均衡する

iii）　$I_a > I_p$ のとき，*vice versa*

ケインジアン・クロス

国民経済モデルは，もし，生産されたものが実際にすべて分配され滞りなく支出されているとしたら，言い換えると「事後的な」総供給が「事前的な」総需要に等しいとしたら，経済の活動水準が一意的に決定する様子を示す。

プロト・モデルにかんして，横軸に事後的生産，つまり総供給をとり，その関数として総需要（計画）を表わすようなグラフを描くと，総需要と総供給を一致させる生産水準は45度線との交点によって示される。このような経済の活動水準を「**均衡国民所得**」と呼ぶ。なお，均衡国民所得の水準にあっては，計画された貯蓄と事後的な投資が一致している点に留意する必要がある。

こうして決まった均衡国民所得の水準は，「いま私たちがいるところ」と考え，そこからさまざまな変化が起った場合にその均衡がどう変わるかを考える。500兆円というGDPもこうして決まったものと考えましょう，ということである。

収入，つまり所得（供給）に応じて直線的に決まる消費と，所得とは無関係につねに一定の投資との合計（需要）は，やはり所得（供給）に応じて直線的にきまる。言い換えると，さまざまな供給水準に応じて，出てくる需要の大きさが決まるよう

になっている。そして，出てくる需要の大きさがそのときの供
給水準に等しくなるような供給水準はたった1つしかない。そ
の水準が均衡国民所得である。

図5　ケインジアン・クロス

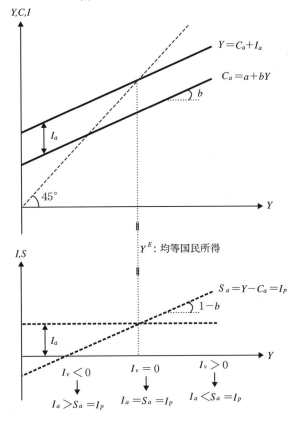

Y^E: 均等国民所得

　均衡国民所得の水準
においては，総需要と
総供給の一致と同時に，
貯蓄と投資の一致が実
現していることに注目。
このモデルの場合，総
需要＝総供給は投資＝
貯蓄と同義である。

練習問題 2

　先のプロトモデルにおいて，$a=30$兆円，$b=0.8$，$\bar{I}=60$兆円
のときの均衡国民所得の水準を求めなさい。

173

5　有効需要の原理と乗数過程

有効需要の原理

　価格による調整を前提したケインズ以前の経済学では，総需要と総供給の不一致は市場価格が伸縮的に動くことによって解消されるものとされた。総需要が減って総供給を下回った場合には，市場価格が下落し，以前より少ない数量でのあらたな需給均衡が達成される。

　ケインズはこうした価格調整機能に対して懐疑的であった，というより，価格が伸縮的でありうるのは長期であって，短期では硬直的でさえあると考えた。このため短期においては，需給の不一致，すなわち事前的な総需要と事後的な総供給の不一致は，供給サイドによる期末における生産調整のかたちで解消されることになる。

　ケインジアン・クロスによる均衡国民所得の決定は，経済全体の財・サービス市場において，総需要に等しくなるように総供給（総生産）が決定されるという「**有効需要の原理**」と呼ばれる考え方に基づいている。こうして決まった均衡国民所得の水準のもとで，失業，つまり労働市場における超過供給が存在していない保証はないことをケインズは強調した。したがって，より高い均衡国民所得を実現するためには，あるいは企業が供給を減らそうとする不況時には，総需要を殖やすような政府の政策が必要になるというわけである。

　公共事業に代表される，総需要を増やす政策，いわゆる「**ケインズ政策**」を行なった場合，その支出額より大きな均衡国民

所得の増加を期待できるというのが**乗数**の概念である。

乗数の導出

　投資は独立投資のみとしたマクロ経済のプロトモデル，

$$Y = C + I$$
$$C = a + bY$$
$$I = \bar{I}$$

において，

$\Rightarrow I = \bar{I} + \Delta\bar{I}$：投資が $\Delta\bar{I}$ だけ増える（追加的投資が行なわれる）ものとする。

第1段階：総需要が投資の増加分，$\Delta\bar{I}$ だけ増え，総生産，国民所得もそれに合わせて $\Delta\bar{I}$ だけ増える→国民所得が $\Delta\bar{I}$ だけ増加した結果，消費は $b\Delta\bar{I}$ だけ増える

第2段階：総需要，国民所得は消費の増加分，$b\Delta\bar{I}$ だけあらたに増える→国民所得が $b\Delta\bar{I}$ だけ増加した結果，消費は $b^2\Delta\bar{I}$ だけあらたに増える

第3段階：総需要，国民所得は消費の増加分，$b^2\Delta\bar{I}$ だけあらたに増加する→国民所得が $b^2\Delta\bar{I}$ だけ増加した結果，消費は $b^3\Delta\bar{I}$ だけあらたに増える

　このように，国民所得の波及的な増加のプロセスは際限なく続くことになる。

　結局，はじめに行なった追加的投資 $\Delta\bar{I}$ のもたらす国民所得の累積的な増加分の合計 ΔY は，

$$\Delta Y = \Delta\bar{I} + b\Delta\bar{I} + b^2\Delta\bar{I} + b^3\Delta\bar{I} + \cdots$$

$$= \Delta \bar{I}\,(1 + b + b^2 + b^3 + \cdots)$$
$$= \frac{1}{1-b}\Delta \bar{I}$$

137頁を参照

　　　　　［∵初項1，公比（|b|＜1）の無限等比級数の和］
として求めることができる。

　ここで，追加的投資 $\Delta \bar{I}$ に対する国民所得の増加の割合，のことを「**乗数**」と呼び，国民所得の波及的な増加のプロセスのことを「**乗数過程**」と呼ぶ。

　限界消費性向 b が1より小さい正の数であることから，**乗数の値はつねに1より大きい**。すなわち，公共投資などによる景気対策の効果は，人々の消費する割合が高ければ高いほど大きいことになる。（乗数の導出 METHOD-1）

METHOD-2：均衡国民所得の変化による導出

　先のプロト・モデルにおいて，3本の方程式を同時に満たす Y の水準，すなわち均衡国民所得 Y^E を求めると，

$$Y^E = \frac{a + \bar{I}}{1 - b}$$

となる。

　これより投資が $\Delta \bar{I}$ だけ増えると，均衡国民所得の水準は，

$$Y^{E'} = \frac{a + \bar{I} + \Delta \bar{I}}{1 - b}$$

へと変化する。

　よって，$\Delta \bar{I}$ の投資増による均衡国民所得の増加分，$\Delta Y = Y^{E'} - Y^E$ は，

$$\Delta Y = \frac{\Delta \bar{I}}{1 - b}$$

と表わすことができ，先ほどと同じ乗数が導かれる。

さまざまな乗数

<u>METHOD-3</u>：微分による導出

——投資乗数の値：$\dfrac{\varDelta Y}{\varDelta \bar{I}} = \dfrac{dY}{d\bar{I}}$

❶　プロト・モデルのケース：

$Y = C + I$

$C = a + bY$

$I = \bar{I}$

第1式の両辺を$\bar{I}$で微分して，

$\dfrac{dY}{d\bar{I}} = \dfrac{dC}{dY} \cdot \dfrac{dY}{d\bar{I}} + \dfrac{dI}{d\bar{I}}$

　$= b\dfrac{dY}{d\bar{I}} + 1$　　　$\therefore$　$\dfrac{dY}{d\bar{I}} = \dfrac{1}{1 - b}$

❷　独立投資＋誘発投資のケース（超乗数）：

$Y = C + I$

$C = a + bY$

$I = \bar{I} + u + vY$（ただし，$u > 0$，$v < 0$）

第1式の両辺を$\bar{I}$で微分して，

$\dfrac{dY}{d\bar{I}} = \dfrac{dC}{dY} \cdot \dfrac{dY}{d\bar{I}} + \dfrac{dI}{d\bar{I}}$

　$= b\dfrac{dY}{d\bar{I}} + 1 + v\dfrac{dI}{d\bar{I}}$　　　$\therefore$　$\dfrac{dY}{d\bar{I}} = \dfrac{1}{1 - b - v}$

❸　課税が行なわれるケース：

$Y = C + I + G$

$C = a + bY_d$

$Y_d = Y - T$

$T = -h + tY$

$I = \bar{I}$

177

$$G = \overline{G}$$

ただし，Y_d：可処分所得，G：政府支出，T：税金，

h，tはともに正の定数（$t < 1$）

第1式の両辺を$\overline{I}$で微分して，

$$\frac{dY}{d\overline{I}} = \frac{dC}{dY} \cdot \frac{dY}{d\overline{I}} + \frac{dI}{d\overline{I}} + \frac{dG}{d\overline{I}}$$

$$= \frac{dC}{dY_d} \cdot \frac{dY_d}{dY} \cdot \frac{dY}{d\overline{I}} + 1 + 0$$

$$= b\left(\frac{dY}{dY} - \frac{dT}{dY}\right)\frac{dY}{d\overline{I}} + 1$$

$$= b(1-t)\frac{dY}{d\overline{I}} + 1 \qquad \therefore \quad \frac{dY}{d\overline{I}} = \frac{1}{1 - b(1-t)}$$

❹ 貿易が行なわれるケース：

$$Y = C + I + X - M$$

$$C = a + bY$$

$$M = k + mY$$

$$I = \overline{I}$$

$$X = \overline{X}$$

ただし，X：輸出，M：輸入，k，mはともに正の定数

（$m < 1$）

第1式の両辺を$\overline{I}$で微分すると，

$$\frac{dY}{d\overline{I}} = \frac{dC}{dY} \cdot \frac{dY}{d\overline{I}} + \frac{dI}{d\overline{I}}$$

$$+ \frac{dX}{d\overline{I}} - \frac{dM}{dY} \cdot \frac{dY}{d\overline{I}}$$

$$= b\frac{dY}{d\overline{I}} + 1 + 0 - m\frac{dY}{d\overline{I}} \qquad \therefore \quad \frac{dY}{d\overline{I}} = \frac{1}{1 - b + m}$$

❺ 一般的なケース：

需給均衡式が

$$Y = C + I + X - M$$

で表されるような一般的なモデルでは，

・財蓄関数：$S = -a + \{1 - b(1-t)\}Y$，$1 - b = s$：貯蓄率

・租税関数： $T = -h + tY$

・輸入関数： $M = k + mY$

として，

$$\frac{dY}{d\bar{I}} = \frac{dY}{d\bar{G}} = \frac{dY}{d\bar{X}}$$

$$= \frac{1}{1 - b(1 - t) + m} = \frac{1}{s + bt + m}$$

が成立する。

　つまり，乗数は貯蓄，租税，輸入等，国民経済からのさまざまな「**漏れ leakage の割合**」によって構成される。そして，漏れる割合の和が小さければ小さいほど，乗数の波及効果が大きい経済ということになる。

練習問題 3

(1)　❸のモデルにおいて， $T = -h + tY$ の代わりに， $T = \bar{T}$ とし，

　　①　減税乗数 $\dfrac{\Delta Y}{\Delta(-\bar{T})}$ の値を求め，公共投資の乗数 $\dfrac{\Delta Y}{\Delta \bar{G}}$ の値と比較しなさい。

　　②　財政収支が均衡している（ $\bar{T} = \bar{G}$ ）場合の政府支出乗数 $\dfrac{\Delta Y}{\Delta \bar{G}}$ を求めなさい（均衡予算下の乗数効果）。

(2)　つぎの文章は，物価水準と利子率の水準をともに不変とした，マクロ経済のある模型について述べたものである。文中の空欄に入る適切な数値を答えなさい。

　　このマクロ経済の総需要は民間消費，民間投資，政府支出，輸出，輸入（控除）からなる。民間消費は総所得から租税を控除した可処分所得から行なわれ，消費関数

　　民間消費＝20兆円＋0.8×可処分所得

にしたがう。また，租税と輸入はそれぞれ，

　　租税＝0.25×総所得

　　輸入＝0.1×総所得

均衡予算下の乗数効果：減税による所得増加は，政府支出による所得増加とちがって，消費を通じてしか生じない。つまり， $\Delta Y = b\Delta(-T) + b^2(-T) + \cdots = \dfrac{-b}{1-b}\Delta(-T)$ である。これより，増税の乗数は減税乗数にマイナスを付けた値， $\dfrac{\Delta Y}{\Delta T} = \dfrac{-b}{1-b}$ となる。したがって政府支出増の財源が増税で賄われる場合（均衡予算下）の政府支出乗数は $\dfrac{\Delta Y}{\Delta G} = \dfrac{-b}{1-b} + \dfrac{-b}{1-b} = 1$ となる。

で与えられる。そして，民間投資，政府支出，輸出はそれぞれ，70兆円，75兆円，35兆円という大きさに定められている。

　まず民間消費を総所得の関数として書き換えると

民間消費＝（　A　）兆円＋（　B　）×総所得

となる。よって，民間貯蓄として残る分（総所得－租税－民間消費）は，

民間貯蓄＝－（　C　）兆円＋（　D　）×総所得

である。このとき，総需要と総供給を一致させる均衡国民所得の水準は（　E　）兆円である。また，この経済の活動水準における貯蓄投資ギャップは（　F　）兆円の投資過剰，財政は（　G　）兆円の黒字，貿易は（　H　）兆円の赤字となっている。これより政府支出が 2 兆円だけ増加したとすれば，均衡国民所得の水準は（　I　）兆円だけ増加する。すなわち，乗数の値は（　J　）である。

Chapter *8*

ケインズ体系(1)

IS = LM 分析―物価水準一定の
同時均衡モデル―

> 　大恐慌当時の主流派経済学は，アダム・スミス以来の古典派経済学の流れを汲むもので，一般均衡理論の考え方に基づき，市場における価格の調整機能に全幅の信頼を置いていた。ケインズはこれを部分的に否定し，非自発的失業を説明する新しい理論を提示した。難解なケインズの考え方のエッセンスは通常，*IS = LM* モデルとして敷延されることになっている。

1　古典派の市場理論とケインズ体系

　古典派の市場理論の考え方によれば，（図6）に示されるように，

　すべての財・サービス・用役の市場において，すべての行動主体の極大化行動を通じて，**同時均衡**が達成される（**一般均衡理論**）。

　しかし，この古典派の市場理論では，現行の賃金で働く意志があるのに仕事にありつけない「**非自発的失業**」は存在しないことになってしまう。

　労働市場の特殊性に着目したケインズは，労働市場を含めた同時均衡の可能性を否定し，非自発的失業という労働市場の不

価格と数量を未知数とし，その数と，需給均衡を定式化した方程式の数とが一致していれば原則，解のセットが得られることになっている。もちろん，すべての市場におけるすべての需要曲線・供給曲線の背景には，すべての行動主体の極大化（最適化）行動が前提として存在する。

　均衡と，総需要が不足したまま他市場での均衡とが並立する可
能性を示した（詳しくは後述）。

図 6　古典派の市場理論

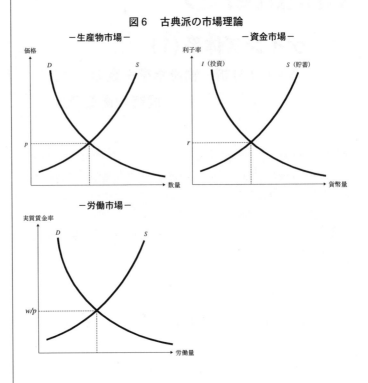

　ケインズ体系をわかりやすく切り分ける道具である *IS ＝
LM* モデルはまず，「**生産物（財・サービス）市場**」と「**貨幣市
場**」という，2つの市場の需給均衡を問題にするところから始
める。ケインズは，2つの市場の需給均衡がそれぞれ独立に成
立するものではなく，下記のように，互いに依存し合った結果
として成立するものと考えた。ケインズのこのような考え方は
「**貨幣の非中立性**」と呼ばれ，貨幣を実物経済にとってのヴェー
ルのようなものだとみなす「**貨幣の中立性**」の考え方と対立す
るものである。

生産物市場と貨幣市場の相互依存性
―貨幣の非中立性（*IS=LM* 分析）―

フィッシャー Irving Fisher の交換方程式，$Mv=pT$（M：貨幣量，v：流通速度，p：物価水準，T：取引量）に象徴される「**貨幣数量説**」も通常，貨幣の中立性を前提にしたものである。古くから，貨幣量と物価水準のあいだの比例関係を導くのに用いられてきた。

図7　生産物市場と貨幣市場

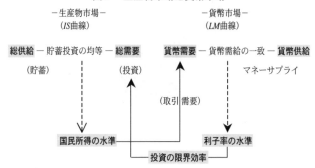

－生産物市場－　　　　　　　　　　　　　－貨幣市場－
（IS曲線）　　　　　　　　　　　　　　　（LM曲線）

総供給 ― 貯蓄投資の均等 ― **総需要**　　　**貨幣需要** ― 貨幣需給の一致 ― **貨幣供給**

（貯蓄）　　　　　　（投資）　　　　　　　　　　　　　　　　マネーサプライ

（取引需要）

国民所得の水準　　　　　　　　　　　　利子率の水準

投資の限界効率

2　生産物市場の均衡（*IS* 曲線）

投資の限界効率

▶ある投資計画（機械1台を導入するかどうか）の，将来にわたる予想収益の流列（$Q_1, Q_2, \cdots Q_n$）の**割引現在価値 V** を，その**投資費用 P**（機械の購入価格）に等しくするような**割引率 i** のこと

$Mv=pT$ において v と T の比を定数であるとみなせば，M と p に比例関係があることになる。貨幣供給量が2倍になれば物価も単純に2倍になる計算になる。なお，T を実質 GDP で置き換え，$\frac{v}{}=k$ とおくと，$M=kpY$，つまり，経済は名目 GDP の一定割合 k に相当する貨幣を取引需要として保有するものとみなすことができる。これを「**マーシャルの k**」と呼ぶ。

将来発生する収益を現在において評価したのが割引現在価値。「来年あなたに1万円さしあげます」と書かれた証書（手形）は現在では1万円の価値はない。

183

つまり，（現在の 1 万円）＝（1 年後の 1 万円）×（1 ＋ i）となるような i が割引率である。

連続時間の場合の割引現在価値は，$\int_1^n Qt \exp[-it]dt$ と表記され，将来にわたる消費量の現在価値を変数とする効用関数などには一般的に用いられている。この場合の割引率 i は「主観的割引率」あるいは「時間選好率」と呼ばれる。

$$P = V = \frac{Q_1}{1+i} + \frac{Q_2}{(1+i)^2} + \cdots + \frac{Q_n}{(1+i)^n}$$

$$= \sum_{t=1}^{n} \frac{Q_t}{(1+i)^t}$$

等号を成立させるような**割引率：投資の限界効率 i**

図 8　投資の限界効率表

仮定：機械の台数が増えるにつれて限界効率は低減する

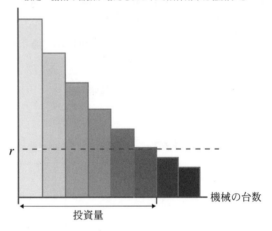

機械の台数

投資量

　限界効率 i が市場利子率 r を上回っているかぎり，V は P を上回り，その投資計画は利潤を生む。全体としての投資計画は，限界効率の高いものから順に実行に移されるが，限界効率が与えられた利子率にちょうど等しい投資計画がいちばん最後に実行され，それ以下の投資計画は棄却される。したがって，最終的な投資量は利子率が低いほど大きく，利子率が高いほど小さくなる。

　限界効率の**逓減**を前提にすると，**投資量は利子率の減少関数**となる。

$$I = \phi(r), \; \phi'(r) < 0$$

IS 曲線の導出

　生産物市場の需給均衡を定式化しよう。総需要＝総供給の均衡条件を貯蓄・投資の均等として定式化すると，

　　$sY = \phi(r)$

これは Y と r の関係式とみなすことができる。したがって，

生産物市場における需給均衡を保証する国民所得と利子率の関係
→ *IS* 曲線

　この利子率と国民所得の関係は，

　　　高い利子率→投資：小＝貯蓄：小→低い国民所得
　　　低い利子率→投資：大＝貯蓄：大→高い国民所得

図9　*IS* 曲線

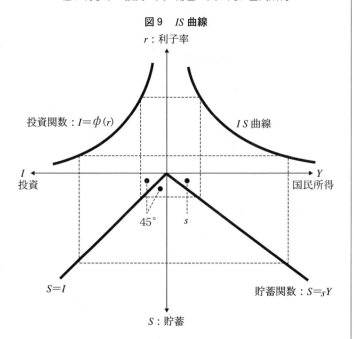

　生産物市場の需給均衡を保証する国民所得は利子率の減少関数＝ *IS* 曲線

3　貨幣市場の均衡（*LM* 曲線）

貨幣の需要

　人々が「貨幣を需要する量」，つまり，手元に置いていつでも使える状態で貨幣を保有しようとする量はなにによって決まるか。ケインズは貨幣保有の動機を「**取引動機**」「**予備的動機**」「**投機的動機**」の3つのタイプに分け，それぞれの動機に基づく貨幣需要を，収入（国民所得）と金利（利子率）の水準に

図10　貨幣の需要

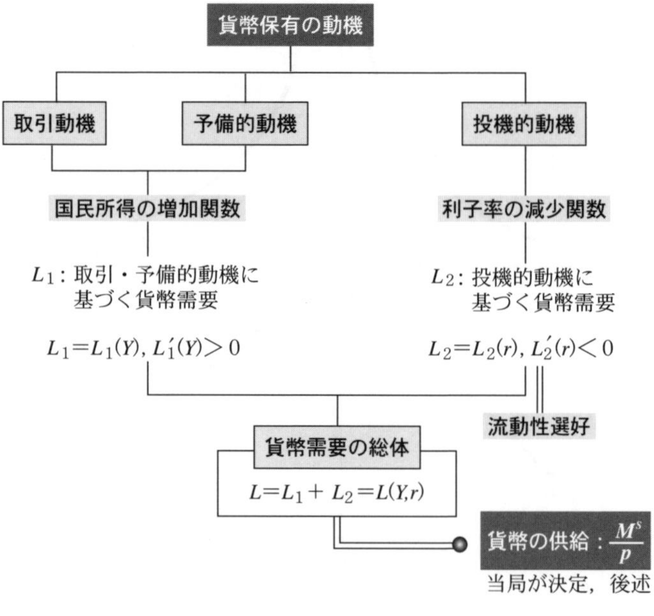

年$\overline{Q}$のクーポン付き n 年もの債券の購入で得られる収益の現在価値は，利子率が r のとき，$\sum_1^n \frac{\overline{Q}}{(1+r)^i}$であるから，これが市場での債券価格となる。利子率が高いときには，この債券価格は低くなっており，将来上がりそうだと期待するから，人々は資産を債券購入に充て，貨幣のかたちで保有しようとはしない，つまり流動性を選好しない。逆に利子率が低いときには，債券価格は高く，将来の値下がり期待のため，安全で流動性が高い（容易に他の資産形態に移し変えることができる）貨幣のかたちで保有しようとする，つまり流動性を選好する。

186

よって説明した。

　取引動機や予備的動機に基づく貨幣需要は，kpY（マーシャルの k ×名目GDP）で示されるように国民所得の増加関数とみなされる。他方，投機的動機に基づく貨幣需要は，数ある資産の保有形態のなかから，あえてもっとも「**流動性**」の高い貨幣のかたちで保有しようとする「**流動性選好**」の分とみなされ，債券の購入等，現金を手放すことで得られる利子収入分がこの貨幣保有の機会費用となることから，利子率の減少関数であると考えることができる。

LM 曲線の導出

　かくして，貨幣市場の需給均衡は，国民所得の増加関数 L_1 と，利子率の減少関数 L_2 の合計である貨幣需要 L が，当局によって与えられる実質貨幣供給 $\dfrac{M^s}{p}$ に一致することとして定式化される。

貨幣市場における需給均衡を保証する国民所得と利子率の関係 → *LM* 曲線

$$\text{高い利子率} \to L_2：小 \to L_1 = \frac{M^s}{p} - L_2：大 \to \text{高い国民所得}$$

$$\text{低い利子率} \to L_2：大 \to L_1 = \frac{M^s}{p} - L_2：小 \to \text{低い国民所得}$$

　この場合の貨幣需要 L は実質タームと考えられるため，これと均衡すべき供給も名目貨幣供給を物価水準でデフレートした「実質マネーサプライ $\dfrac{M^s}{p}$」である必要がある。

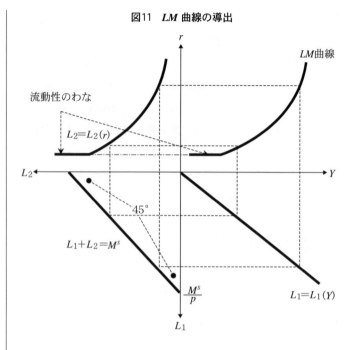

図11　*LM* 曲線の導出

流動性のわな Liquidity Trap

　*LM*曲線の下方の水平部分で表わされる利子率の下限のこと。このとき，貨幣需要の利子弾力性が無限大になっており，貨幣供給を増やしても貨幣保有が増加するだけで，債券価格の下落期待のもとで利子率はそれ以上下がらないから，投資に結びつかない，つまり金融政策は無効となる。

貨幣の供給＝マネーサプライ

　貨幣の供給はいっぱんに「マネー・サプライ」と呼ばれ，中央銀行などの金融当局がその大きさを決められる政策変数であ

るが，どこまでをマネー・サプライとみなすかは国や経済によって定義が異なる。

図12　マネーサプライの定義

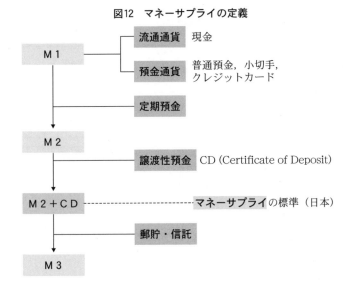

　譲渡性預金CDは，第三者に譲渡することができる定期預金のこと。ただし譲渡の際に元本を割り込むこともある。

ハイパワード・マネー

　中央銀行は，国債や社債の売買，市中銀行の準備金や貸出金の操作を通して，市中に出回る貨幣量の一部を動かすことができる。この中央銀行の支配下にあるマネーサプライの一部分を，「ハイパワード・マネー」（または「マネタリー・ベース」）と呼ぶ。ハイパワード・マネーを増減させる，中央銀行のオペレーションには以下のようなものがある。

表7　中央銀行のオペレーションとハイパワード・マネー

オペレーションの種類	中央銀行のバランスシート	ハイパワード・マネーの増減
買いオペ 貸し出し増 支払い準備率の引き下げ	負債の増加	増加
売りオペ 貸し出し減 支払い準備率の引き上げ	資産の増加	減少

そして，この結果，

> ハイパワード・マネーの増減は
> その「通貨乗数」倍のマネーサプライの増減をもたらす

ハイパワード・マネーとマネーサプライの関係

マネーサプライをM1で定義すると，

$$\text{マネーサプライ} \quad = \quad \text{流通通貨} \quad + \quad \text{預金通貨}$$
$$M \qquad\qquad CC \qquad\qquad DP$$
$$\text{ハイパワード・マネー} = \text{流通通貨} + \text{銀行準備金}\ (\text{法定準備＋超過準備})$$
$$H \qquad\qquad CC \qquad\qquad RE$$

銀行準備金は，預金からの払出し請求に応じるためのものであるが，このうち法定準備金は，日銀の「当座預金勘定」に預けておくことになっている。

通貨乗数の値

中央銀行はなぜ，ハイパワード・マネーを動かすだけでマネーサプライ全体をコントロールできるのか？→「**信用創造**」

$$H = \frac{CC}{M}M + \frac{RE}{M}M$$
$$= \frac{CC}{CC+DP}M + \frac{RE}{CC+DP}M$$

　ここで，$cc=\dfrac{CC}{DP}$：現金・預金比率，$re=\dfrac{RE}{DP}$：準備金・預金比率とおくと，

$$H=\dfrac{cc}{cc+1}M+\dfrac{re}{cc+1}M$$
$$=\dfrac{cc+re}{cc+1}M$$

↓

$$M=mH \qquad m=\dfrac{cc+1}{cc+re}：\textbf{通貨乗数}$$

↓

　たとえば，現金預金比率5％，準備率を3％とすると，通貨乗数の値は約13となり，日銀がかりに1兆円分の債券を購入したとすると，マネーサプライは13兆円増える計算になる。

　中央銀行によるハイパワード・マネーの増加により，市中銀行は準備金や借入の増加を通じて企業や家計への貸出を増加させることができるが，企業はそれで別の企業への支払いに充て，支払いを受けた企業はそれを預金する，そして銀行はその預金をもとにさらなる貸出が可能となる。こうした派生的な預金が次々に発生することを**信用創造**という。低い支払い準備率のもとでの信用創造が大きな通貨乗数（＝信用乗数）の値をもたらし，それが中央銀行のハイパワード・マネーを通じたマネー・サプライのコントロールを可能にしている。

4　財政政策と金融政策

| $IS = LM$ 均衡 | ——均衡国民所得Y^*と均衡利子率r^*とが
同時に決定する（同時均衡） |

$\parallel$

財市場と貨幣市場を同時に均衡させる
国民所得と利子率が一意的に決まる

　ここに，財政政策（公共投資等），金融政策（マネーサプライの増加等）を施した場合，IS曲線やLM曲線のシフトを通じて，国民所得や利子率に対してどのような効果をもたらすかは（図13）に示すとおりである。

図13　財政金融政策の効果

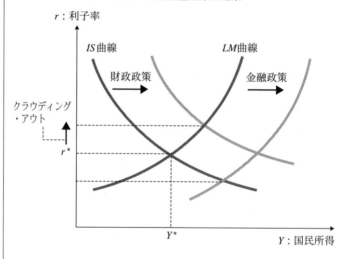

財政政策も金融政策もともに，国民所得を押し上げる効果を持つが，利子率に対しては互いに反対の方向に作用する財政政策による利子率押し上げ効果はクラウディング・アウトと呼ぶ

Chapter *9*

ケインズ体系(2)

1 オープンマクロ・モデル
（短期の開放経済）

　ここでは，海外市場における自国通貨の「価格」である「為替レート」を動かし，*IS* = *LM*分析の開放経済に応用した，いわゆる「マンデル=フレミングモデル」を取り上げる。

　為替レートが自由に変動する「変動相場制」のもとでは，たとえば，日本の純輸出（＝輸出－輸入）がマイナス，つまり赤字のとき，輸出によって入ってくる外貨より輸入によって出て行く円のほうが相対的に多くなり，国際的な為替市場で円がその分だぶつく結果，円の評価は下がり円安になる。円安になれば輸出がしやすく，輸入がしにくくなり，純輸出はプラスの方向へ向うことになる。すなわち，純輸出は為替レートの変動によって自動的に「調整」されることが期待されるのが変動相場制である。実際にはこんな単純ではないが。

　次のような**小国開放経済**モデルを想定する。

日本とアメリカの2国モデルにおける「日本」を思い浮かべること

193

$$IS曲線：Y = C(Y-T) + I(r) + G + NX(e)$$

$$LM曲線：\frac{M}{p} = L(r, Y)$$

$$世界利子率：r = r*$$

ただし，$NX = X - M$：純輸出

e：自国通貨の為替レート（ドルベース）

$r*$：世界利子率

「小国」の仮定

　利子率の水準を自国内で決めることができない経済を小国と定義する。世界の金融市場においてたいした影響力をもたず，内外金利差が生じたとしても，ただちに資金の流出入が起こって格差は解消されてしまい，結局国内利子率は，「大国」において決まる「**世界利子率**」の水準からかい離することはない。

　この，利子率の「硬直性」を $IS = LM$ モデルに組み込んだものがマンデル＝フレミング・モデルであり，伸縮的な利子率のケースとは大きく異なった結論を導く。

IS 曲線の導出

　まず，為替レートと純輸出の関係は図14のとおりである。

　e の上昇（円高・ドル安，増価）

　　→純輸出の減少（輸出減・輸入増）

ドルベースの為替レート e は，1円＝e ドルという単位のとり方，たとえば，1ドル＝110円だとすると，e＝1/110（ドル）となる。e の値が大きくなることを円が「増価される appreciated」といい，逆に e の値が小さくなることを円が「減価される depreciated」という。

小国の仮定は，利子率にかんして「プライス・テイカー」だとみなすものである。

194

図14　為替レートと純輸出（純輸出表）

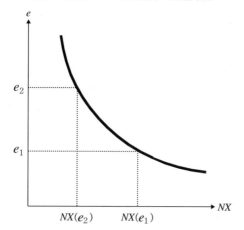

この純輸出表の関係
が成立するためには，
「マーシャル＝ラー
ナーの条件」，すなわち，
日米の例でいえば，「日
本製品のアメリカでの
価格弾力性と米国製品
の日本での価格弾力性
の和が１より大きい」
を満たしている必要が
ある。

　次に，純輸出と均衡国民所得の関係は図15のように，ケイン
ジアン・クロス上で把握できる。

図15　純輸出と均衡国民所得（ケインジアン・クロス）

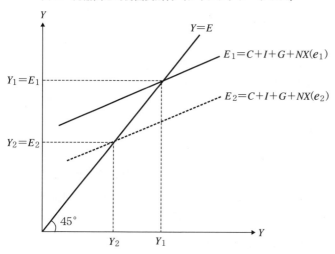

純輸出の減少→計画支出の減少→均衡国民所得の減少

　純輸出の減少は，独立支出の削減の場合と同様に負の乗数効
果を通じて国民所得の均衡水準を押し下げる。

　かくして，為替レートと均衡国民所得の関係が *IS* 曲線として
導かれる（図16）。

　e の上昇→均衡国民所得の減少

　　　　　→右下がりの *IS* 曲線

図16　為替レートと均衡国民所得（財市場の均衡：*IS* 曲線）

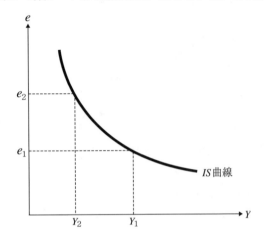

　財市場を均衡させる生産水準は，利子率ではなく，為替レー
トの減少関数となる。

LM 曲線の導出

　貨幣市場の均衡を示す *LM* 曲線は，伸縮的な利子率のもとで
は，右上がりになるが，小国の仮定により利子率は世界水準に
固定されているため，貨幣市場の均衡を保証する国民所得も固
定されることになる（図17）。

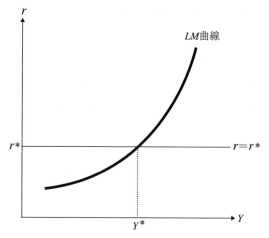

図17　世界利子率と均衡国民所得

つまり，貨幣市場の均衡を保証する国民所得は為替レートと無関係で一定となる（図18）。

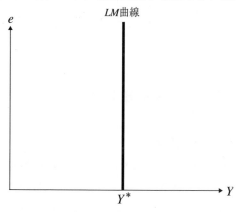

図18　為替レートと均衡国民所得（貨幣市場の均衡：*LM*曲線）

貨幣市場の均衡を保証する国民所得は為替レートと無関係で一定である。

財市場・貨幣市場の同時均衡

　以上の結果，小国開放経済における $IS=LM$ 同時均衡は下図のとおりになる。

図19　小国開放モデルにおける $IS=LM$ 均衡

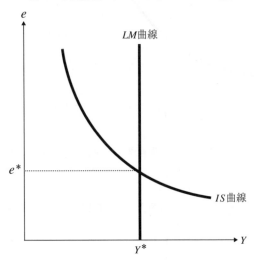

小国開放経済における政策効果

❶　変動相場制下の財政政策

　為替レートが伸縮的であることを許容する変動相場制のもとで，裁量的な財政政策を発動したとすると，IS 曲線は右方へのシフトを起こす。これにより，為替レートは増価するが，国民所得は変化しない。

図20　変動相場制下の財政政策

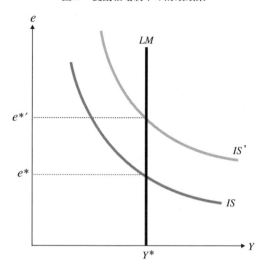

　財政による拡張は，閉鎖経済においては利子率の上昇を代償に国民所得を増加しえたが，小国開放経済では利子率は固定され，貨幣市場を均衡させる国民所得の水準は変えることができない。政府支出の増加によって国内の貯蓄・投資バランスが貯蓄不足へ傾いた分，為替レートの増価の結果として純輸出は減少せざるをえなくなる。そして，この純輸出の減少分が，財市場における国内需要の拡大効果をちょうど相殺してしまう。

❷　変動相場制下の金融政策

　一方，変動相場制のもとで，裁量的な金融政策を行なうと，*LM* 曲線が右方にシフトする。これにより国民所得は増加し，為替レートは減価する。

図21　変動相場制下の金融政策

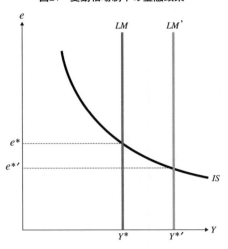

　マネーサプライの増加はただちに，貨幣市場を均衡させる国民所得を増加させる。このとき，自国通貨の供給が増加した分，為替レートの減価が生じ，その結果としての純輸出の増加による乗数効果が作用している。

❸　固定相場制下における財政政策

　固定相場制のもとでは，為替レートeはその市場で公表値に向けて調整される仕組みになっている。

　両市場を均衡させる為替レートe^*と為替レートの公表値$\bar{e}$の大小関係に応じて，外国為替市場で表8のような調整が生じる。

表8　公表値に向けた自動調整

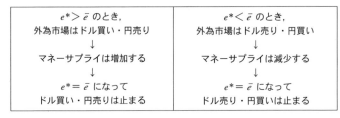

$e^* > \bar{e}$ のとき， 外為市場はドル買い・円売り ↓ マネーサプライは増加する ↓ $e^* = \bar{e}$ になって ドル買い・円売りは止まる	$e^* < \bar{e}$ のとき， 外為市場はドル売り・円買い ↓ マネーサプライは減少する ↓ $e^* = \bar{e}$ になって ドル売り・円買いは止まる

図22　固定相場制のしくみ

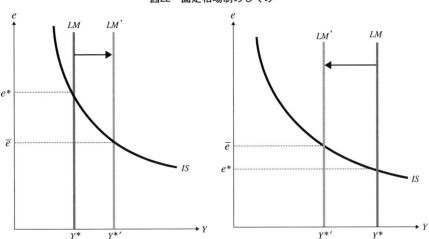

　よって，財政による需要拡大政策は，（図23）に示すように，まず IS 曲線の右方シフトを引き起こし，市場での均衡為替レート e^* は増価されて公表値 $\bar{e}$ を上回る。すると外為市場でドル買い・円売りが起こり，マネーサプライは $e^* = \bar{e}$ になるところまで増加する。このとき，国民所得は確実に政策発動前より増加している。

図23　固定相場制下の財政政策

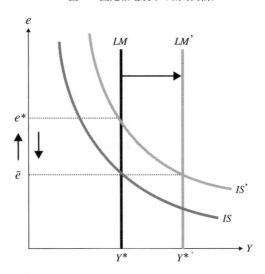

❹　固定相場制下の金融政策

　実質マネーサプライの拡大は，*LM*曲線を右方にシフトさせ，為替レートの均衡値は公表値を下回って減価する。これは，図22の右側のケースと同様，市場で安い自国通貨が買われ，マネーサプライは減少し，結局もとのマネーサプライの水準に引き戻されてしまう。この間為替レートの均衡値は増価し，公表値に戻ったところで落ち着く。すなわち，金融政策は固定相場制下では無効である。

　変動相場制と固定相場制のそれぞれのケースにおいて「財政政策」，「金融政策」，「貿易政策（輸入制限等）」の効果は表9に示されるとおりである。

表 9　各種政策の効果

	変動相場制			固定相場制		
	Y	e	NK	Y	e	NX
財政政策	−	↑	↑	↑	−	−
金融政策	↑	↓	↑	−	−	−
貿易政策	−	↑	−	↑	−	↑

練習問題 4

変動相場制下にある開放マクロ経済,

$Y = C + I + G + NX$

$C = 20 + 0.8Y$

$I = 38 - 50r$

$NX = 40 - 0.1Y + 0.2e$

$\dfrac{M^s}{p} = L$

$L = 0.2Y - 300r$

$r = r^*$

を想定する。ただし, Y：国民所得, C：民間消費, I：民間投資, G：政府支出, NX：純輸出, $\dfrac{M^s}{p}$：実質マネーサプライ, L：貨幣需要, r：国内利子率, r^*：世界利子率, e：為替レートとする。

このモデルにかんして以下の設問に答えなさい。

ⅰ）　$G=50$, $\dfrac{M^s}{p}=98$, $r^*=0.04$のとき, 均衡における国民所得の水準と為替レートの値を求めなさい。

ⅱ）　ⅰ）の状態より政府支出を 3 だけ増やすと, なにがどう変わるか。

ⅲ）　同じくⅰ）の状態より実質マネーサプライを10だけ増やすと, なにがどう変わるか。

ⅳ）　このモデルが固定相場制下にある経済を示したものだとして（為替レートの公表値はⅰ）の均衡値）, 政府支出を 3 だけ増やすと, 実質マネーサプライと国民所得はどう変化するか。

2　価格の変化と総需要

価格の扱いについて

　*IS=LM*モデルは，ある所与の価格水準 p のもとで，生産物市場と貨幣市場の同時均衡を達成する，国民所得 Y と利子率の水準 r を決定する体系であった。

　だとすれば，別の水準の価格 p' のもとでは，別の同時均衡を達成する，別の国民所得 Y' と利子率の水準 r' が対応するはずである。

実質変数の導入：

・「実質資産」$\dfrac{A}{p}$ をもう一つの変数とした消費関数 $C\left(Y, \dfrac{A}{p}\right)$

・「実質貨幣残高」$\dfrac{M^S}{p}$ に等しい貨幣需要

⊙　生産物市場の均衡：$C\left(Y, \dfrac{A}{p}\right) + I\,(\,r\,) + G$
$$= C + S + T = Y$$

↓

$Y^{IS} = IS(r, p) \cdots \dfrac{\partial Y^{IS}}{\partial r} < 0 \ (IS \text{ 曲線}) \rightarrow \dfrac{\partial Y^{IS}}{\partial p} < 0$

物価↓⇨実質資産↑⇨消費↑⇨ *IS* 曲線の右方シフト

⊙　貨幣市場の均衡：$M^D(Y, r) = \dfrac{M^S}{p}$

↓

$Y^{LM} = LM(r, p) \cdots \dfrac{\partial Y^{LM}}{\partial r} > 0 \ (\,LM \text{ 曲線}) \rightarrow \dfrac{\partial Y^{LM}}{\partial p} < 0$

物価↓⇨実質貨幣残高↑⇨ *LM* 曲線の右方シフト

⇩

総需要関数と総供給関数の導出

総需要曲線 AD

　異なる 2 つの物価水準，p_1 と p_2（$p_1 > p_2$）に対応した 2 つの $IS = LM$ 均衡を比較することから，**価格水準の減少関数としての総需要曲線** AD が得られる。

　総需要曲線を表わす AD は，Aggregate Demand の略。

図24　価格変化と総需要曲線

［総需要曲線 AD］

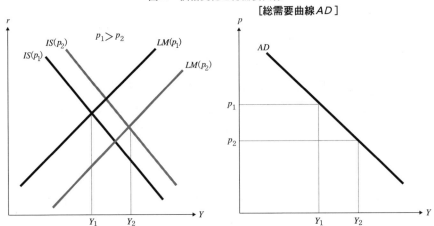

3　生産要素としての労働の需給（労働市場）

供給サイドの要因の考慮（生産技術，労働需要）

　$IS = LM$ モデルにおいて無視されていた供給側の要因に注目する；供給は，資本ストックを一定とする短期の技術的生産関

205

数，

$$Y = F(\overline{K}, L)$$

に基づいて行なわれる。

　この労働投入量＝雇用量を労働市場において説明する必要がある。以下でこれを古典派対ケインズの比較対照によりみていくことにする。

古典派の公準

　古典派モデルにおける全市場同時均衡の前提＝「古典派の労働にかんする公準」

第一公準：「労働需要は実質賃金率の減少関数である」

　企業の短期生産関数，$Y = F(\overline{K}, L)$ のもとで利潤 Π を極大化する行動は，価格 p を所与として，$\dfrac{d\Pi}{dL} = p\,\dfrac{\partial F}{\partial L} - w = 0$ より，

$$\frac{w}{p} = \frac{\partial F}{\partial L}$$

つまり，

　　実質賃金率を労働の限界生産力に等しくする行動

として定式化される。

　もし，労働の限界生産物の価値，すなわち労働者を一人追加的に雇用することによる生産物の増収分が，追加雇用のコストである貨幣賃金率を上回っていれば，雇用の増加は利潤の増加をもたらす（*vice-versa*）。

　そして労働の限界生産力の逓減を前提すれば，実質賃金率と労働の限界生産力を一致させるような雇用水準 L^D は実質賃金率 $\dfrac{w}{p}$ の減少関数となる，すなわち，

$$L^D = L^D\left(\frac{w}{p}\right),\ L^{D'} < 0$$

第二公準：「労働供給は実質賃金率の増加関数である」

　労働者が決める労働の供給量は，「余暇がもたらす満足度」
と「労働による不満足を代償に得られる実質所得がもたらす満
足度」，この両者のあいだで労働者が最大の満足を得るような
選択をする結果として与えられる。

　余暇の時間と実質所得のさまざまな組合せのうち，おなじ水
準の満足がえられるものを１本の無差別曲線として描けば，週
24×7＝168時間に対応した実質所得が予算制約となり，ミク
ロ経済学の消費者選択理論の応用が可能（条件付き極大化問題）。

　与えられた実質賃金率のもとで最大の満足を得るような，
「労働時間（または余暇時間，または実質所得）」を求めると次
図のとおりになる。

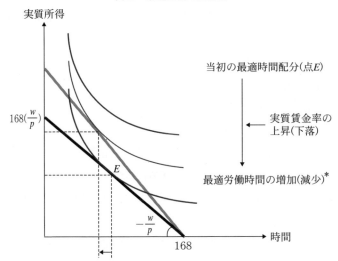

図25　最適労働時間配分

※　一般に実質賃金率が十分に高くなると賃金の上昇は労働時間
　を減少させる可能性を生じる。

　以上より，労働の供給関数は

$$L^S = L^S\left(\frac{w}{p}\right), L^{S'} > 0$$

と表される。

　実質賃金の上昇に対する効果は，消費者行動理論における価格変化の効果と同様，所得効果と代替効果に分けて考えることができる。実質所得の増加が上級財である余暇の消費を増やすのが所得効果で，賃金上昇により余暇の機会費用が割高になることを通じて労働時間を増やすのが代替効果である。そして，代替効果の絶対値のほうが所得効果のそれより大きいとき，実質賃金の上昇の結果労働供給は増えることになる。すなわち，古典派の第２公準が成立する条件は，｜代替効果｜＞｜所得効果｜である。

　古典派の世界では，実質賃金率の減少関数としての労働の需要関数と実質賃金率の増加関数としての労働の供給関数とが交差するところで均衡雇用量が決まり，労働市場の超過供給（失業）はつねに伸縮的な賃金率によって調整されることになっている。

4　不完全雇用均衡

賃金の下方硬直性とショートサイドの仮定

　ケインズは，名目賃金率の調整機能の限界を重視し，労働の超過供給が市場でクリアーされない分，すなわち「**非自発的失業**」を以下のように説明した。

　古典派の第二公準を否定し，現実の雇用量 L は「**ショートサイド**」の仮定，

$$L = \min[L^S, L^D]$$

にしたがうものとする。

> 雇用量，つまり実際に雇用される労働量は，労働供給L^Sと労働需要L^Dのうち少ないほうの大きさとして決まる，というのがこの場合のショートサイドの仮定である。

　貨幣賃金率には，最低賃金法や労働組合圧力のせいで，上がりやすく下がりにくいという「**下方硬直性**」があり，需給を十分に調整できない。このため実質賃金率には，物価が下がってもこれ以上下がらない下限が生じる。

　硬直的な実質賃金率のもとでは，完全雇用労働量よりも低い雇用量が成立し，このとき，$L_f - L$ だけの非自発的失業を抱えることになる。

　雇用増大の手だては，貨幣賃金率が下がらない以上は，物価上昇しかないというわけである。

　そして，十分に高い実質賃金率のもとでも，ショートサイド

図26　ケインズ的労働市場と非自発的失業

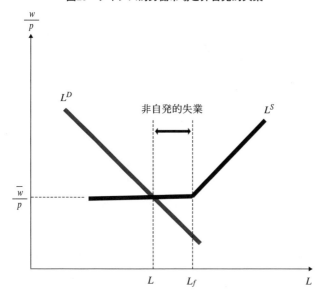

はつねに労働需要のほうであり，したがって，

$$L=L^D\left(\frac{w}{p}\right)$$

によって実際の雇用量は与えられ，

　　［労働需要で決まる実際の雇用量］L＜［労働供給意欲］L^S

つまり $[L^S-L]$ だけの「**非自発的失業**」を抱えることになる。

　この結果として与えられる雇用量Lのもとで，生産関数を通じて実現する生産水準，

$$Y=F(\overline{K},L),$$

　これが**生産物の供給**（AS曲線）を示すことになる。

賃金硬直モデル
（総需要曲線AD と総供給曲線AS）

物価と総供給の関係を，「貨幣賃金率の硬直性」の想定のも

総供給曲線を表わす
AS は，Aggregate Supply の略。

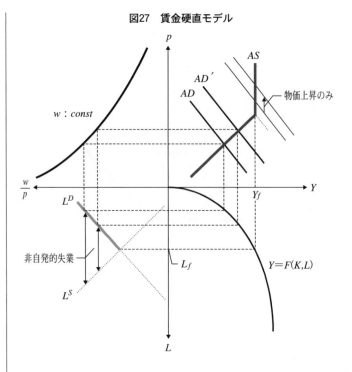

図27　賃金硬直モデル

とに，「**総供給曲線 AS**」として描いたものが次図である。なお，L_fは総労働量，Y_fは完全雇用生産水準をそれぞれ表わす。

AD＝AS 分析から導かれる結語
（一般均衡体系としてのケインズ理論）

1．一定の貨幣賃金率のもとで導出される総供給曲線（*AS*）は
　　非自発的失業を抱えた状態で総需要曲線（*AD*）と交点をもつ
　　（不完全雇用均衡）。
2．貨幣賃金率の低下は総供給曲線（*AS*）を下方にシフトさせ
　　る結果，物価の下落をともないながら所得は増大し，完全雇
　　用国民所得に至ると非自発的失業は解消する（新古典派）。

3．完全雇用生産水準Y_fにあるときに総需要を喚起するような
　政策をとれば，物価が上昇するだけである。
4．生産物市場，貨幣市場その他で同時均衡が達成されていた
　としても，労働市場を含めた「一般均衡」は成立しない。

日本経済の現状についてのケインジアンの見方

　総需要を喚起する財政金融政策（いわゆるケインズ政策）は
かならずインフレを引き起こす，という側面にかんし，今日の
ケインジアンは，不況の原因として，賃金の硬直性を重視する
か，有効需要不足を重視するかのちがいはあっても，ケインズ
政策そのものの有効性は否定しない。

　しかしながら，有効需要不足の中身についての議論も必要で
ある。不況下のデフレにもかかわらず，買いたいものがないと
いった状況がある。これは目ぼしい技術革新（新機軸，新しい
販路の開拓等を含む）がないからであって，技術革新を内生的
に創発させるためには市場での自由な競争が奨励される必要が
ある，と考える向きもある。また，低金利に加えて先行きに対
する不安，将来の不確実性への配慮から，文字通りの流動性選
好を行なう結果として，有効需要不足を来たし，それがさらに
将来への不確実性を増幅するといった事態になっているとも考
えられる。

練習問題 5

つぎの賃金硬直モデルについて下記の設問に答えなさい。

生産物市場	貨幣市場	労働市場	（生産関数）
$Y=C+I$	$\dfrac{M^s}{p}=M^D$	$L^D=225\left(\dfrac{w}{p}\right)^{-2}$	$Y=80N^{\frac{1}{2}}$
$C=40+0.7Y$	$M^D=0.24Y+180-6\,r$	$L^s=\bar{L}^s=40$	$N=\min\left[\,L^D,\,L^s\,\right]$
$I=100-5\,r$	$M^s=360$	$w=3$	

ただし，Y：国民所得，C：民間消費，I：民間投資，M^D：貨幣需要，
M^s：貨幣供給，r：利子率，p：物価水準，L^D：労働需要，
L^s：労働供給，$\bar{L}^s$：労働力人口，N：雇用労働量，w：貨幣賃金率

1）　IS 曲線の方程式（生産物市場を均衡させる利子率と国民所得の関係）を求めなさい。

2）　AD曲線の方程式（物価水準と総需要の関係）を求めなさい。

3）　AS曲線の方程式（物価水準と総供給の関係）を求めなさい。

4）　国民所得と物価水準の均衡値を求めなさい。

5）　4）の均衡値における失業率（％）を求めなさい。

6）　AD=AS均衡をグラフに表示しなさい。

Chapter *10*

マクロ経済理論の拡張

1 失業と物価

> 失業をめぐる考え方は学派により大きく異なる。伝統的ケインジアンは，有効需要不足による非自発的失業の存在を強調し，財政政策の有効性を訴える。実質賃金率による完全な需給調整を前提にする古典派あるいは新しい古典派は，非自発的失業の存在を認めない。そして，失業率の短期的変動についても，一定の摩擦的失業，待機失業で規定される「自然失業率」をめぐっての短期的循環とみなす。伸縮的な価格による「自然水準」への調整を重視し，財政政策も無効であるとする，新しい古典派の考え方が支配的である。

ケインズ的失業と物価

ケインズの雇用理論を$AD = AS$分析として再記しておこう。

労働需給は，古典派のいうように伸縮的な実質賃金率によって調整されない。

下方に硬直的な賃金は，不況時の低賃金局面で労働需要に
見合っただけの下落が生じず，労働の超過供給をきたす

$$\|$$

「非自発的失業」＝現在の賃金で働きたいのに働き口がない
　　　　　　　　　　　　　　　（労働市場）

$$\|$$

有効需要の不足が原因（生産物市場）

$$\Downarrow$$

財政政策により総需要創出（生産物市場）

① 物価上昇なしで失業を削減可

② 物価上昇を伴いながらも失業を削減可

③ 物価上昇のみ（非自発的失業は存在しない）

図28　AD－AS 曲線と失業

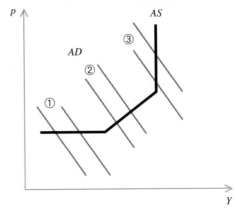

※　①は価格が完全に硬直的なケース。

失業のタイプと自然失業率

　労働需給が実質賃金率によって決まるとする古典派の考え方に基づけば，非自発的失業は存在しないことになり，存在するのは「自発的失業」，「摩擦的失業」，「構造的失業」，「待機失業」の4タイプである。

- ・非自発的失業：現行の賃金で働く意志があるのに職に就けない労働力
- ・自発的失業：現行の賃金では働きたくないと考えて職に就かない労働力（≒待機失業）
- ・摩擦的失業：転職時など，情報が不完全であるがゆえに，需給のマッチングがうまくいかなかったり，そもそも需給が出会えないなどの理由で職に就けない労働力
- ・構造的失業：経済構造の変化の過程で，職種そのものの需要がなくなることなどにより発生する失業

　つまり，労働の需給が一致している「完全雇用」といっても失業者がゼロではなく，こうした非自発的失業以外の失業は存在しているわけである。これらの失業によってきまる失業の自然率を「自然失業率」という。自然失業率は，言い換えると，有効需要を増やしても解消しない失業の水準を表わしている。短期的には，現実の失業率はこの自然失業率をめぐって循環的に変動するものと考えられるが，自然失業率のもとでは労働の需給は一致しており，非自発的失業は存在しない。

　低賃金を厭わず職種も選ばないはずの労働者が，不況だからといって，探しても探しても職にありつけないような状況（非自発的失業）は，大恐慌時代でもないかぎり考えにくい，というのが非自発的失業を認めない立場。極端な低賃金や気に入らない仕事を忌避したら，それはもはや自発的失業とみなすべきとされる。

長期総供給曲線ASL

　一定の名目賃金率w_1のもとで労働需給が均衡しているとし

215

　よう。

　そこに，物価上昇が起こると，

物価↑⇒実質賃金率↓⇒労働需要↑，労働供給↓⇒超過需要が発生

となる。

図29　労働需給と物価

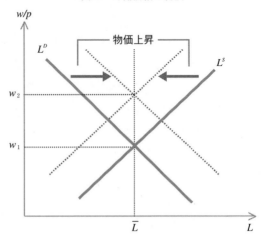

図30　長期総供給曲線

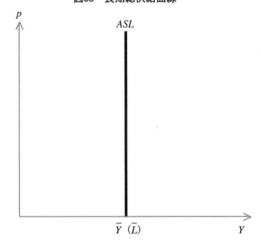

この超過需要はやがて，より高い名目賃金 w_2 への改訂を生じることにより解消され，需給は再びもとの雇用水準で均衡する。このとき生じた名目賃金の w_1 から w_2 への上昇は物価上昇分に過不足なく対応しており，実質賃金率は長期的には一定である。雇用量が物価水準に依存することなく一定水準 $\overline{L}$ に保たれるのであれば，生産量も一定に保たれ（$Y=\overline{Y}(\overline{L})$），したがって長期の供給曲線は（図30）のように垂直になる。

短期総供給曲線と変動

短期の総供給曲線ASSはいっぱんに，自然失業率に対応した生産水準（「自然産出量」）を $\overline{Y}$，期待物価の水準を p_e として，

$$Y = \overline{Y} + a(p - p_e)$$

と表わされる。

いま，点 $(\overline{Y}, p_e)$ において短期均衡が成立しているとしよう。

ASS直線の方程式は，(Y, p) 平面において，直線 $p=\dfrac{1}{a}Y$ を，p 軸方向に p_e，Y 軸方向に $\overline{Y}$ だけそれぞれ平行移動したものであることがわかる。

図31　長期供給曲線 ASL

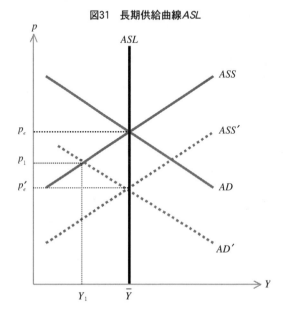

217

$|Y-\bar{Y}|$ の大きさは GDPギャップと呼ばれ, 期待の改定を盛り込んだ実証モデルではもっとも重要な被説明変数である。$Y-\bar{Y}<0$ のときはデフレ・ギャップ, $Y-\bar{Y}>0$ のときはインフレ・ギャップという。

これより, 何らかのきっかけにより経済に先行き不安感が蔓延し, 需要曲線が左方にシフトしたとしよう (図31)。

需要減退により物価水準は p_1 まで下がり, 生産水準 Y_1 まで下がる。名目賃金率が変わらないかぎり実質賃金率は上昇するから, 労働需要は減り, 労働供給は増え, 循環的な失業が生じる。

時間の経過とともに人々はやがて, 期待物価水準を下方に修正し (p_e'), 名目賃金率も下げられることになる。この結果, 短期供給曲線は右方へシフトし, 雇用は増え, 生産水準はもとの $\bar{Y}$ へと回復する。

すなわち, 長期の総供給曲線 ASL は, 価格が伸縮的で, 期待形成も適切なものであるかぎり, 需要の変化の影響を受けない, 言い換えると, 需要の変化というショックは伸縮的な価格というショックアブソーバーによって吸収されてしまうわけである。

財政・金融政策の無効性

「長期供給曲線は需要の変化の影響を受けない」とすれば, 財政政策や金融政策の需要喚起策も, 長期的には無効であることになる。

たとえば, 財政政策によって (図31) とは逆に, 需要曲線を右方にシフトさせたとしても, 短期的には物価上昇を伴いながらも国民所得を押し上げることができる。しかし, こんどは, 期待物価水準と名目賃金が上方に改訂され, 雇用減, 生産減を来たし, もとの自然産出量の水準にまで引き戻されてしまう。しかも, それだけではなく, 物価水準だけは確実に上昇しているというおまけ付きである。つまり, 「財政や金融の裁量的政策は, 短期的には有効であるが, 長期的には無効である」とい

う新古典派的命題が導かれる。

フィリップス曲線と自然失業率仮説

　名目賃金の上昇率と失業率のあいだの，負の相関関係を経験的に示したものが「フィリップス曲線」である。この名目賃金上昇率を物価上昇率で置き換えた，いわゆる「物価版フィリップス曲線」は，インフレと失業率のあいだのトレード・オフ関係を記述するものとして，古くからポピュラーであるが，これが，先の新古典派的命題の理論的根拠とされるようになる。M.フリードマンらマネタリストは，フィリップス曲線から導かれる「自然失業率仮説」を用いてケインズ政策の有効性を否定した。

　失業率 u と物価上昇率 $\pi = \dfrac{\dot{p}}{p}$ のあいだの相反関係を示す短期フィリップス曲線①は，労働者の現在の物価上昇期待に基づいて描かれている（図32）。いまかりに，点 A，つまり物価上昇率がゼロの状態にあるとしよう。このとき失業率は $\bar{u}$ の水準にあり，これを高いと判断した当局が財政政策を発動したとしよう。すると，労働需要が増え名目賃金が上昇，物価上昇率は依然ゼロのままだと思い込んだ労働者はそれを実質賃金の上昇と勘違いし（貨幣錯覚），労働供給を増やす。この結果，失業は減り，フィリップス曲線上①の点は A から B へと移動する。ところが，実際には物価は確実に上昇しており，実質賃金は上がっていない。やがてそれに気付いた労働者は自発的に離職（レイオフ）し，失業率はもとの水準 $\bar{u}$ に戻ってしまう（点 C）。このことは，労働者の物価上昇期待が改定されたことを意味し，フィリップス曲線は②へとシフトしていることになる。点 C より再び財政政策を行なったとすると，同様のプロセスを

$\dot{p} = \dfrac{dp}{dt} = \Delta p$

図32　フィリップス曲線と自然失業率仮説

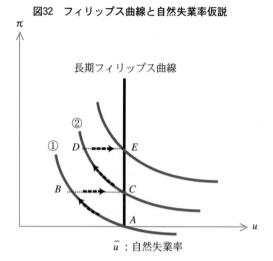

経て点 E へと移るだけである。

　かくして,「**自然失業率** $\bar{u}$ 」に対応した「**長期フィリップス曲線**」が垂直な直線として得られる。

2　経済成長理論

GDP は減るより増えたほうがいい。どうすれば増やすことができるか,どのような増え方がのぞましいのかを,「長期」という枠組みのなかで分析するのが経済成長理論である。長期の分析においては,短期において不変と考えた資本ストック,人口,生産技術といったものが時間とともに変化していくことを許容しなければいけない。また,時間変化を定式化することはすなわち,ダイナミックス（動学）であり,本格的な分析をしようとおもえば,微分方程式や差分方程式といった道具との格闘が強いられる。

ハロッドモデル

ハロッドRoy F. Harrodは，ケインズ理論の動学化を目論み，

・投資の二重性
- 乗数効果（短期）　　　　　　＝所得創出効果
- 資本ストック積み増し（長期）＝生産能力増強効果

に着目し，労働人口の成長と生産技術の変化をかんたんな成長モデルとして定式化した。

　以下のように，「**保証（warranted）成長率** g_w」として定義される均衡成長軌道を「参照軌道」とし，現実の成長軌道 g の参照軌道からの乖離の時間経路を調べるという手法が特徴的である。

表10　均衡成長率 g_w と現実の成長率 g

均衡成長軌道＝参照軌道		現実の成長軌道
$S_a = s_a Y$	－貯蓄関数－	$S_p = s_p Y$
$I_a = v_r \Delta Y$	－投資関数－	$I_p = v \Delta Y$
$S_a = I_a$	－均衡条件（貯蓄＝投資）－	$S_p = I_p$
$(v_r = \dfrac{K}{Y_f})$	－（生産関数）－	$(v = \dfrac{K}{Y})$
⇩		⇩
$g_w = \dfrac{s_a}{v_r}$		$g = \dfrac{s_p}{v}$
保証成長率＝$\dfrac{事前的貯蓄率}{必要資本係数}$	－成長率－	現実成長率＝$\dfrac{事後的貯蓄率}{現実資本係数}$
（資本の完全利用成長率）		

ただし，サブスクリプトの表わすものは次のとおり；

　a：ex-ante, p：ex-post, r：required, f：full-utilised, w：warranted

　はじめに，現実の成長率が保証成長率に一致しているとし，そこからなにがしかの理由でわずかな乖離が起こった状態を想定する。下図は縦軸を自然対数目盛でとっており，したがって，

直線の傾きが成長率の大きさを表わす。

たとえば，g_w 軌道上にあった g に，上向きの乖離，$g > g_w$（すなわち，$\frac{s_p}{v} > \frac{s_a}{v_r}$）が生じたとしよう。その原因が，①貯蓄率にある場合（$v = v_r, s_p > s_a$），貯蓄過剰・消費不足→消費増→所得増→成長率上昇，というプロセスをたどる。一方，乖離の原因が②資本係数にある場合（$s_p = s_a, v < v_r$），資本ストック不足→投資増→所得増→成長率上昇，というプロセスをたどる。つまり，いずれの場合も，現実の成長率が保証成長率を上回る乖離は時間とともに拡がっていく。

また，反対に，現実の成長率に保証成長率を下回る乖離 g，g_w が生じたとすると，まったく逆のパターンにより，やはり下向きの乖離は拡大していく。

図33　均衡成長軌道の不安定性

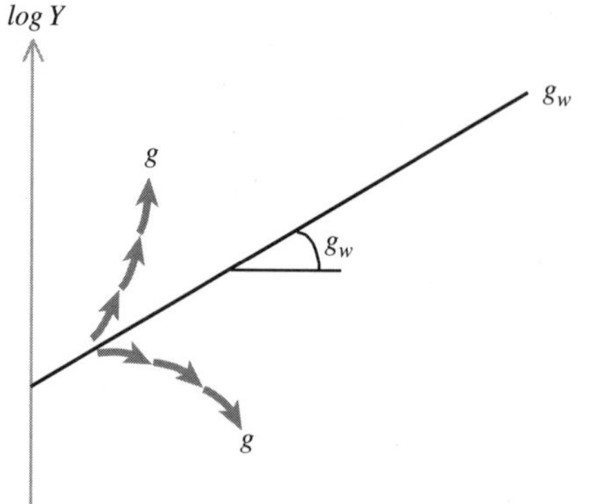

労働人口の増加率 n と労働生産性の上昇率
$L_t = L_{t-1}(1+n)$
$\frac{Y_t}{L_t} = \frac{Y_{t-1}}{L_{t-1}}(1+\lambda)$
であるから，両式の辺々を乗じることによって，
$Y_t = Y_{t-1}(1+n)(1+\lambda)$
　　$= Y_{t-1}(1+n+\lambda+n\lambda)$
を得る。ここで，$n\lambda$ の値は十分に小さいので
$Y_t = Y_{t-1}\{1+(n+\lambda)\}$

かくして，保証成長率で定義される均衡成長軌道は，現実の経済がひとたびそこから乖離が生じると，その乖離は時間とともに増大していく。すなわち，ハロッドの均衡成長軌道は，「ナイフ・エッジ上の均衡」という言葉に象徴されるように，はなはだ不安定である（ハロッド・アンチノミー）。

　ハロッドはさらに，第3の成長率，「**自然（natural）成長率 g_n**」を定義する。これは，与えられた技術水準のもとで労働を完全雇用して可能になる最大限の成長率で，その大きさは労働人口の増加率 n と，技術進歩率（＝労働生産性の上昇率）λ の和，$(n + \lambda)$ で与えられる。g_n の軌道は，経済が少なくとも物理的に打ち破ることのできない「天井」を意味し，したがって通常，資本の完全利用を保証する「保証成長率」の軌道よりも上方に位置づけられるものとする。

　そして，ハロッドは現実の成長率 g と g_w, g_n のあいだの大小関係によって，現実の経済がたどる可能性を調べる。まず，現実の経済がたまたま均衡成長軌道の上に乗っている状態から上方への乖離（$g > g_w$）が生じたとしよう。先の分析のとおりこの乖離はますます増大し，やがては自然成長率の天井に逢着する。経済はこれを越えて進むことはできないから，天井にぶつかったあと，①反転するか，さもなければ②天井に沿って進むか，のどちらかということになる。現実の経済がそれらのどちらの軌道をたどるかは，g_w と g_n の大小関係によって異なってくる。

　②の天井に沿って進む（$g = g_n$）ためには，当初の $g > g_w$ なる乖離を維持しながら，$g_w > g_n$ が成立していなければならない。したがって，

　　case 1：$g_w > g_n$ のとき，天井にぶつかって反転し，

　　case 2：$g_w < g_n$ のとき，天井に沿って進む

ことになる。

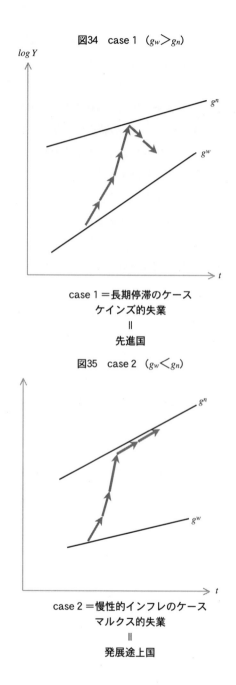

図34　case 1　($g_w > g_n$)

case 1 ＝長期停滞のケース
ケインズ的失業
＝
先進国

図35　case 2　($g_w < g_n$)

case 2 ＝慢性的インフレのケース
マルクス的失業
＝
発展途上国

循環的成長の可能性

　ハロッド・モデルのcase 2においては，インフレーション下で，企業の利潤増加が続くことになるが，いっぱんに利潤からの貯蓄率s_cは賃金からの貯蓄率s_wより大きい（$s_c > s_w$）ことから，経済全体の貯蓄率sは上昇する。この結果，$\frac{s_a}{v_r}$で規定される保証成長率g_wは上昇を続け，やがて$g_w > g_n$となるや，case 1と同様，天井から離脱して下降に転じる。すなわち，いずれのケースも，完全雇用の天井に逢着したあとは遅かれ早かれ，反転する定めにあるというわけである。また，下方の転換点においては，減価償却や基礎的消費の（下限の）もつ乗数効果が上昇に向けての反転の動因となるものと考えられる。

　かくして，ハロッド・モデルは，不均衡の累積過程としての循環的成長の可能性をも示唆する，ナイーヴではあるが，壮大な資本制経済モデルとなっている。

ソロー・モデル

　ソローRobert Solowの経済成長モデルのもっとも基本的な仮説は，集計的生産関数，

$$Y = F(K, L) \tag{1}$$

が

1次同次（収穫不変）

であり，かつ

限界生産力が逓減する

というものである（ここで，Y：生産量，K：資本ストック水準，L：労働投入量）。

「1次同次」とは，資本と労働をともに，たとえば2倍にしたら，生産量も2倍になるという関数の性質のこと。数学的には，$m^t Y = F(mK, mL)$が成り立つとき，t次同次関数であるという。

225

　このような生産関数を「お行儀のよい（well-behaved）生産
関数」と呼んだりする。ただし，生産関数はあくまで特定化さ
れていないことがこの経済成長モデルの特徴である。

　そこで，この仮説を体現するためにまず，生産関数(1)が 1 次
同次であることを利用して，その両辺を $\dfrac{1}{L}$ 倍し，

$$y = \frac{Y}{L} \text{：労働の生産性}$$

$$k = \frac{K}{L} \text{：資本労働比率（資本装備率，資本の有機的構成）}$$

とおくと，(1)の生産関数は 1 変数関数として，

$$y = f(k) \tag{2}$$

と書き改めることができる。つまり，労働の生産性が資本労働
比率の滑らかな増加関数になっているということである。ただ
し，$f''(k) > 0, f''(k) < 0$（限界生産力はつねに正で逓減する）で
ある。

　こうした滑らかでお行儀のよい生産関数(2)のもとで，いま，
貯蓄 S は資本ストックの増加分である投資 I （減価償却は考え
ない）に等しいという**均衡条件**，

$$S = I \equiv \Delta K$$

は，ケインズ的な貯蓄関数を採用すると，

$$sY = \Delta K = \Delta(kL) = (\Delta k)L + k(\Delta L)$$

と表わすことができる。この両辺を L で除して

$$s\frac{Y}{L} = \Delta k + k\frac{\Delta L}{L}$$

を得る。さらに，労働人口の成長率を n とおくと

$$sy = \Delta k + kn$$

となるが，これを書き換えて

$$\Delta k = sf(k) - nk \tag{3}$$

とすれば，k にかんする「**1 階微分方程式**」が得られる。これ
がソロー・モデルの基本方程式である。この微分方程式(3)は解

を求めることはできないが，位相図を描いて時間経路を知ることはできる。

　生産関数と k についての位相図は次のとおり。

図36　ソロー・モデル

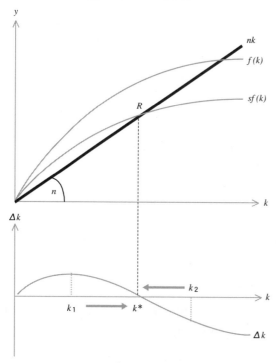

　R点においては，$\Delta k = \Delta\left(\dfrac{K}{L}\right) = 0$

であるから，

$$\frac{(\Delta K)L - K(\Delta L)}{L^2} = 0$$

$$\therefore \quad \frac{\Delta K}{K} = \frac{\Delta L}{L}$$

また生産関数が1次同次であることから，

$$\frac{\Delta K}{K} = \frac{\Delta L}{L} = \frac{\Delta Y}{Y}$$

ソロー・モデルと同様，1部門閉鎖経済を想定し，1次同次の生産関数として，「コブ＝ダグラス型」のもの，$Y = K^a L^{1-a}$ を採用した成長理論にスワンのモデルがある。均衡成長軌道が安定であることにかわりはない。

つまり，R 点では３つの成長率がすべて均等になっている。このような状態を，「**黄金時代均衡**」と呼ぶ（ハロッド「保証成長率＝自然成長率」の状態）。

また図より，

1）　$k = k_1$ のとき，$\Delta k > 0$ なので k は時間とともに増大する

2）　$k = k_2$ のとき，$\Delta k < 0$ なので k は時間とともに減少する

3）　$k = k^*$ のとき，$\Delta k = 0$ なので k は変化しない

つまり，$k = k^*$ において実現する定常状態，R 点は「**安定均衡**」である。

均衡成長の安定性について

これまでみてきたように，ハロッド・モデル（ケインジアン）とソロー・モデル（新古典派）とでは，均衡成長の安定性についての結論が正反対になる。この背景には，生産関数の前提の決定的な違いがある。ハロッドの生産関数は固定的で，利用できる技術，つまり資本と労働の組合せはただ一つしかない。これに対し，ソローの生産関数は可変的で，利用可能な資本と労働の組合せは無数にあり，そのすべてが資本労働比率と労働生産性が１対１で対応するかたちで要素価格比の順にきちんと並べられている。

そして，ソロー・モデルでは，一定の資本労働比率と労働生産性で示される定常状態に落ち着いていくシナリオが用意されているのに対し，ハロッド・モデルでは，循環的成長の可能性が示唆されている。２つの異なる理論の現実妥当性を議論する前に，両者に，大げさに言えば資本主義観の違いがあることに注目すべきである。

資本蓄積の黄金律

　ここで，ソロー・モデルにおいては，経済がどこから出発しても自動的に辿り着くとされる，資本労働比率の定常均衡値 k^* は，貯蓄率や人口増加率の大きさしだいで変わってくることに注目しよう。経済は逢着する定常均衡を選ぶことができるのである。いま，同じ生産関数(1)のもとでの需給均衡，$Y=C+I$ は，労働者1人当たりで表示すると，

　　$y=c+i$ あるいは，$c=(1-s)y$ ……………………(4)

　　　ただし，$c=\dfrac{C}{L}$：労働者1人当たりの消費，

　　　　　　　$i=\dfrac{I}{L}$　：労働者1人当たりの投資

である。ここで，投資にかんして，δ の率での減価償却を考えると，

$$i=\frac{\Delta K+\delta K}{L}=\frac{(\Delta k)L+k(\Delta L)}{L}+\delta\frac{K}{L}=\Delta k+nk+\delta k$$

であるから，需給均衡の条件(2)は，$f(k)=(1-s)f(k)+\Delta k+(\delta+n)k$ となり，結局，

　　$\Delta k=sf(k)-(\delta+n)k$ ……………………………………(5)

すなわち，減価償却を考慮したソロー・モデルの基本方程式が得られる。(5)式において $sf(k)=(\delta+n)k$ を成立させる資本労働比率 $k=k^*$ は，減価償却を捨象したケースと同様，安定であることは言うまでもない。

　そして，この定常均衡値 k^* は，貯蓄率 s の増加関数であり，減価償却率と人口増加率の和，$\delta+n$ の減少関数になっている。したがってもし，これらの値の組合せが調整可能であるとすれば，任意の定常均衡 k^* を，到達目標として自由に選択することができる（図37）。では，どの定常均衡を目指すべきか。

需給均衡条件を貯蓄投資均衡条件に置き換えても同様：$S=sY=I=\Delta K+\delta K$ より，$\Delta K=sY-\delta K$，これを $k=\dfrac{K}{L}$ の対数時間微分 $\dfrac{\Delta k}{k}=\dfrac{\Delta K}{K}-\dfrac{\Delta L}{L}$ に代入すると，$\Delta k=\dfrac{\Delta K}{K}\cdot\dfrac{K}{L}-\dfrac{\Delta L}{L}k=\dfrac{sY-\delta K}{L}-nk=sf(k)-(\delta+n)k$ となり，(5)式を得る。

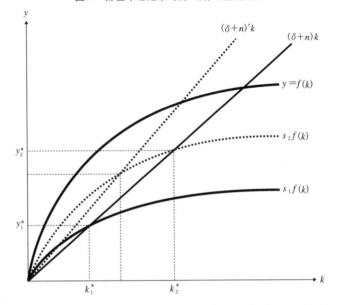

図37　貯蓄率と定常均衡（含，減価償却）

定常均衡においては，$sf(k^*) = (\delta+n)k^* = i(k^*)$ であるから，1人当たりの消費は，

$$c(k^*) = y(k^*) - i(k^*) = f(k^*) - (\delta+n)k^*$$

で表わされるが，この値が最大になるのは，$c'(k^*) = f(k^*) - (\delta+n) = 0$ より，

$$f'(k^*) = \delta+n$$

つまり，生産関数の接線の傾き（＝利潤率）と，減価償却率と人口増加率の和が一致するような定常均衡 $k^* = k_G^*$（＝**黄金律**）においてである（図38）。そして，減価償却率と人口増加率の和が与えられているとき，この黄金律に対応した貯蓄率を選ぶことができれば，経済はパレート最適な状態を実現することになる。

完全競争と生産物価格＝1を仮定すると，
$$f'(k) = \frac{d(Y/L)}{d(K/L)} = \frac{\partial Y}{\partial K} = r$$

なお，λ の率での労働増大的な外生的技術進歩を考慮すると，生産要素としての労働は $n+\lambda$ の率で増加するのと同じことに

なる。$L_t = L_0 e^{n+\lambda}$として需給均衡を求めれば(3)式は，

$$\Delta k = sf(k) = (\delta + n + \lambda)k \quad \cdots\cdots\cdots\cdots\cdots(3)'$$

となる。

労働増大的技術進歩を $Y=F(K,AL)$ と定義し，$y=\dfrac{Y}{AL}$，$k=\dfrac{K}{AL}$ とおくと，$\dfrac{\Delta k}{k}=\dfrac{\Delta K}{K}-\dfrac{\Delta A}{A}-\dfrac{\Delta L}{L}$，また $\Delta K=sY-\delta K$ より，$\Delta k=\dfrac{sY-\delta K}{K}\dfrac{K}{L}-\dfrac{\Delta L}{L}k-\dfrac{\Delta A}{A}k=sf(k)-(\delta+n+\lambda)k$

図38　資本蓄積の黄金律

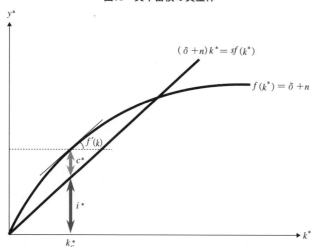

練習問題 6

　ソロー・タイプの１部門成長モデルにおいて，マクロの集計的生産関数が，

$$Y=L^{\frac{1}{2}}L^{\frac{1}{2}}$$

にしたがい，貯蓄率が20％，人口増加率が５％のとき，以下の問いに答えなさい。ただし減価償却，技術進歩は捨象する。

1）　この場合のソローの基本方程式を求めなさい。

2）　資本労働比率の定常均衡値を求めなさい。

3）　１人当たりの消費を最大にする資本労働比率（黄金律）の値を求めなさい。

4）　黄金律を実現するには，貯蓄率をどう変化させる必要があるか。

5）　以上を図示しなさい。

231

補. 経済学の新しい展開

短期の経済変動

　本書で触れることのできなかったマクロ経済学の重要事項の
ひとつに，短期の経済変動についての分析がある。これについ
てはケインズ派と新しい古典派・ニューケインジアンとのあい
だで大きな違いが生じている。ケインズ派は非線形モデル等を
駆使して経済の自律的運動としての内生的景気循環を定式化し
ようとしたが，ケインズ派のマクロ経済学はミクロ的基礎付け
を欠いているとするルーカス批判以降，その説得力を少なから
ず低下させることになった。それに対し，今日支配的な経済学
としての地位を築き上げている新しい古典派・ニューケインジ
アンは，ルーカス批判を受けて，マクロ経済学のミクロ経済学
的な基礎付けを施し，**リアルビジネスサイクル理論**をベースに
構築した**動学的確率的一般均衡モデル**を用いて，長期の経済成
長理論とも整合的に短期変動を捉えようとする。

ルーカス批判

ノーベル経済学賞を
受賞した経済学者,ロ
バート・ルーカス
*Robert Lucas*によるケ
インズ経済学と計量経
済学に対する批判。国
債を発行して財政政策
を行なっても,人々の
期待は将来の増税を想
定するから消費は増え
ないとする「リカード

　ルーカスは，一般的な計量経済モデルにおいては，政策の変
更は，人々の期待形成の変更を通じて，所与とされるパラメー
タの値に影響を与え，モデルを構造的に変えてしまう可能性が
あるとの批判を行なった。こうしたケインズモデル的なミス
リードを防ぐには，個々人がどのように行動するかを決める選
好や技術，つまりミクロ的基礎づけを行なう必要があるとした。

ミクロ的基礎づけがなされたモデルによって過去からの経験的な規則性が詳らかになり（経験的検証），政策の変更を想定した個人がどう行動するかを予測でき，これら個人の決定を集計することによって，政策変更のマクロ的影響を知ることができる。

の中立命題」もまたルーカス批判と本質的に同じ指摘だといえる。

新しいマクロ経済学

　ケインズのマクロ経済学の背景には，経済全体の法則が個々の関係に先立って存立しているとみなす「方法論的全体主義」の考え方がある。これに対し，新しい古典派とニューケインジアンによって提唱された「新しいマクロ経済学」は，経済全体を論じるには，合理的行動の上に成り立っている個々の関係の積み上げが必要だとする「方法論的個人主義」の考え方（**ミクロ的基礎＝マイクロファウンデーション**）に立脚する。

　人々の期待を明示的に導入し，個々の経済主体の合理的な最適化行動を定式化，それらを集計したものとしてマクロ変数を扱う分析は，**代表的個人***Representative Agent*モデルに象徴される。

リアルビジネスサイクル理論と動学的確率的一般均衡モデル

　リアルビジネスサイクル*Real Business Cycle*モデルは，一定の均衡状態の上に，生産技術と生産性の変化というショックを導入して，景気循環を説明する単純な構造のモデル。技術や生産性の変化は人々の期待の改訂を通じて，雇用水準に影響を与えるものとされる。

　動学的確率的一般均衡*DSGE*（*Dynamic Stochastic General*

Equilibrium）モデルは，家計の予算制約，企業の技術制約，経済全体の資源制約のもとに，家計と企業による効用極大化行動と利潤極大化を定式化したものであるが，従来のマクロモデルと異なるのは，各行動主体は確率的な外生的ショックに直面しながら，将来を見据えての行動をする点である。

　本書で学習した*AD＝AS*モデルに，たとえばマネーサプライ管理を通じた名目金利政策とフィッシャー方程式を定式化し，期待形成過程と確率変数を導入することにより，*DSGE*モデルの原型が現われてくる。ここで，*AS*曲線の方程式に代わる，インフレ率と産出量の自然水準からの乖離の関係は，リアルビジネスサイクル・モデルをベースにした，供給ショックと期待インフレを示す方程式として記述が可能である。

ミクロ経済学自体の改善

　マクロ経済学がその基礎として拠って立つべきミクロ経済学自体についても，重要な批判がなされてきた。そのうちの最大の問題は行動経済学などから厳しく批判された「合理的経済人」の前提にある。

　行動経済学の考え方は，実験や心理学的エビデンスに基づき，不確実性の高い局面での人々の行動は直近の経験に左右されやすいとする「プロスペクト理論」や人間の満足度は時間の長さによって変化する「双曲割引理論」などの考え方に象徴されるように，伝統的なミクロ経済学における利己性・合理性・時間整合性といった仮定を緩和して，代替的もしくは補完的なミクロ経済理論を打ち立てようとするものである。

数学付録

1　初歩の微分法の初歩

　自由落下する物体について，落下し始めてからの時間 x 秒と落下した距離 y m とのあいだには，おおざっぱにいって，

$$y = 5x^2$$

という関係がある（係数の5は重力の加速度 g の半分，より正確には $g = 9.81$）。

　たとえば，落下し始めてから1秒後には，$y = 6 \times 1^2 = 5$ mの距離を落下している。ここで，1秒後からごく短い時間，たとえば0.1秒のあいだに落下する距離は，$5 \times 1.1^2 - 5 \times 1^2$ mであるから，この0.1秒間の平均速度は $\dfrac{5(1.1^2 - 1^2)}{0.01}$ $= 10.5$ m/sとなる。1秒後からの経過時間がさらに短い時間，0.01秒だと，その間の平均速度は $\dfrac{5(1.01^2 - 1^2)}{0.01} = 10.05$ m/sとなる。

　そして，1秒後からごく短い時間 h を経過したときの平均速度を v m/sとすると，

$$v = \frac{5\{(1+h^2) - 1^2\}}{h} = \frac{5h(2 \times 1 + h)}{h} = 5(2+h)$$

と表わすことができる。ここで，h の値をどんどん小さくしていき，かぎりなくゼロに近づけていくと，平均速度 v の大きさは $5 \times 2 = 10$ m/sに近づいていく。この速度を，「落下し始めてから1秒後における**瞬間速度**」という。

同様にして，自由落下する物体の落下し始めてから a 秒後の瞬間速度は，

$$v = \frac{5\{(a+h^2)-a^2\}}{h} = \frac{5h(2 \times a + h)}{h} = 5(2a+h)$$

においてhの値をゼロにしたもの，すなわち

$$2 \times 5a = 10a \ \text{m/s}$$

として与えられることがわかる。

平均変化率と微分係数

　一般に，x の関数 $y = f(x)$ において，x の値が a から $a+h$ まで変化するとき，y の値は $f(a+h) - f(a)$ だけ変化する。このとき，x の変化に対する y の変化の割合，

$$\frac{f(a+h)-f(a)}{h}$$

を，x が a から $a+h$ まで変化するときの「**平均変化率**」と呼ぶ。

　そして，x の「変化分」h をかぎりなくゼロに近づけたとき（$h \to 0$），平均変化率がある一定の値（＝極限値）に近づくようなら，その値を関数 $y = f(x)$ の $x = a$ における「**微分係数**」といい，$f'(a)$ で表わす。すなわち，

$$f'(a) = \lim_{h \to 0} \frac{f(a+h)-f(a)}{h}$$

言い換えると，平均変化率を測る x の区間をかぎりなく小さく取ったときの平均変化率が微分係数だと考えればよい。

　先の自由落下の例における，そのときどきの「瞬間速度」とはまさに微分係数のことなのである。

微分係数と接線の傾き

　次図に示すように，関数 $y = f(x)$ において，x が a から $a+h$ まで変化するときの平均変化率 $\dfrac{f(a+h)-f(a)}{h}$ は，直線ＡＢの傾きによって示される。

これに対し，$x = a$ における微分係数 $f'(a)$ は，点 B を関数に沿ってかぎりなく点 A に近づけていったときの直線 AB の傾きの極限値，すなわち点 $A(a, f(a))$ における**接線の傾き**に等しい。

（拡大図）

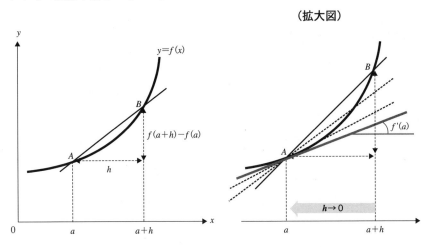

導 関 数

関数 $f(x)$ の $x = a$ における微分係数 $f'(a)$ は a の関数であり，a は x のさまざまな値である。

そこで，$f'(a)$ の a を x で置き換えた $f'(x)$ は，x のさまざまな値に微分係数 $f'(a)$ を対応させる関数だと考えることができる。この $f'(x)$ を $f(x)$ の「**導関数**」という。すなわち，

$$f'(x) = \lim_{h \to 0} \frac{f(x+h) - f(x)}{h} \tag{1}$$

このように，関数 $f(x)$ から導関数 $f'(x)$ を求めることを「**微分する**」という。

(1)式は，微分することを「x の変化分をかぎりなくゼロに近づけたときの平均変化率の極限値を求めること」としてとらえた，いわば「微分本来の定義」であり，公式よりなにより重要なものである。

また，$f(x)$が$y=f(x)$のかたちで与えられる場合の導関数は，y'または$\dfrac{dy}{dx}$で表わすことができる $\left(f'(x)=y'=\lim\limits_{\Delta x \to 0}\dfrac{dy}{dx}=\lim\dfrac{\Delta y}{\Delta x}\right)$。

定義に従って微分する

極限値による微分の定義(1)に従ってたとえば，

$f(x)=x^3$を微分すると，

$$
\begin{aligned}
f'(a) &= \lim_{h \to 0}\frac{(x+h)^3-x^3}{h}\\
&= \lim(3x^2+3xh+h^2)\\
&= 3x^2
\end{aligned}
$$

一般に，$y=x^n$を微分すると，

$$
\begin{aligned}
y'(a) &= \lim_{h \to 0}\frac{(x+h)^n-x^n}{h}\\
&= \lim_{h \to 0}nx^{n-1}+\sum_{i=2}^{n}\binom{n}{i}x^{n-i}h^{i-1}\\
&= nx^{n-1}
\end{aligned}
$$

$$(x^n)'=nx^{n-1}$$

（微分の一般公式：すべての有理数について成立）

※自由落下する物体のはなしに戻ろう。

落下し始めてからの時間x秒と落下した距離ymとのあいだの関係は，一般に，

$$y=f(x)=\frac{1}{2}gx^2$$

ただし，重力の加速度gは一定で，$g=9.81$
とされている。

物体が落下し始めてからa秒後の瞬間速度は，$x=a$における微分係数$f'(a)$にほかならないから，

$$f'(a)=ga$$

で与えられる。したがって，落下し始めてから1秒後の瞬間速度は，$f'(1)=g$＝9.81m/sという計算になる。

これに対し，導関数$f'(x)=gx$は，x秒後の瞬間速度をxの関数として表示したものであるが，これをさらにxで微分して得られる$f'(x)=g$は，瞬間速度の

変化率，加速度の大きさを表わす。この場合は定数 g である（等加速度運動）。

　自由落下の場合の「進んだ距離」「瞬間速度」「加速度」の関係は下図のとおり。

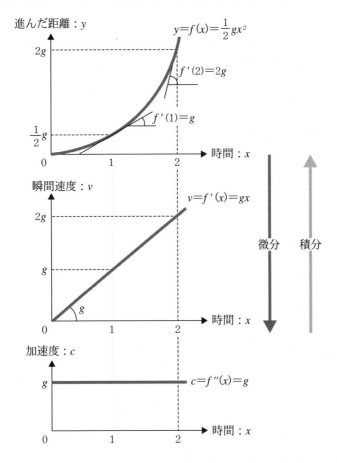

いろいろな関数の微分（証明略）

Type of Function	Differentiate it !
・積の微分 $(f(x)g(x))'=f(x)g'(x)+f'(x)g(x)$	$y=(x^2-x+1)(x^2+x+1)$
・商の微分 $\left(\dfrac{1}{g(x)}\right)'=-\dfrac{g'(x)}{\{g(x)\}^2}$ $\left(\dfrac{f(x)}{g(x)}\right)'=-\dfrac{f'(x)g(x)-f(x)g'(x)}{\{g(x)\}^2}$	$y=\dfrac{1}{x-1}$ $y=\dfrac{2x+1}{x^2-1}$
・合成関数の微分 $y=f(x),\quad x=g(t)\to\dfrac{dy}{dt}=\dfrac{dy}{dx}\cdot\dfrac{dx}{dt}$	$y=\left(x-\dfrac{1}{x}\right)^5$
・逆関数の微分 $\dfrac{dy}{dy}=\dfrac{1}{\dfrac{dx}{dt}}$	$y=\sqrt{1-x^2}$
・三角関数の微分 $(\sin x)'=\cos x$ $(\cos x)'=\sin x$ $(\tan x)'=\dfrac{1}{\cos^2 x}$	$y=\sin(2x+3)$ $y=\sin^2 x+\cos 3x$ $y=\tan(2x+1)$
・対数関数，指数関数の微分 $(\ln x)'=\dfrac{1}{x}$ $(\log_a x)'=\dfrac{1}{x\ln a}$ $(e^x)'=e^x$	$y=3\ln x+\ln 2$ $y=\ln(3x+2)$ $y=(e^x-e^{-x})^2$

240

2　*e* について

　100万円を年利 6 ％で銀行に預金すると 1 年後にはふつう106万円になっている
だろう,ということはだれでもわかるが,では半年後ならいくらになっているか?

　半年後の元利合計が103万円より少ない理由をきちんと説明することは意外に
むずかしい。じつは, 1 年という「区間」で発生した利子というのは,連続する
瞬間ごとに発生した利子の 1 年分の集大成だと考えなければいけない。この「**瞬
間利子**」の考え方がまさに微分の概念と指数の概念を適用した典型例である。そし
て,瞬間利子を定義するためには *e*(ネイピア数Napier's constant)の概念が不
可欠となる。

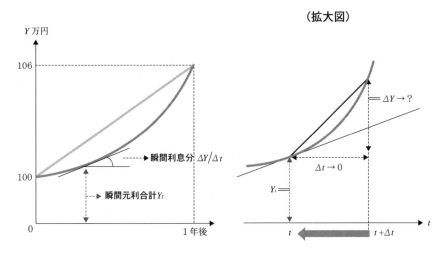

（拡大図）

　さて, *e* の概念を数学的に理解するには,まず「対数」の概念を知っておく必
要がある。

　対数,$\log_a x$ は,「*a* を何乗すれば *x* になるか,そのべき乗の数」を表わす,
(つまり $a^{\log_a x} = x$),ただそれだけのこと。したがって,$\log_{10} 100 = 2$ であり,
$\log_2 64 = 6$ である。*a* を「**底**」,*x* を「**真数**(正の数)」と呼ぶ。

対数関数, $y = \log_a x$ の導関数を, その定義に従って求めようとすると,

$$y' = \lim_{h \to 0} \frac{\log_a(x+h) - \log_a x}{h}$$

$$= \lim_{h \to 0} \frac{1}{h} \log_a \frac{x+h}{x}$$

$$= \lim_{h \to 0} \frac{1}{h} \log_a \left(1 + \frac{h}{x}\right)$$

となり, $\dfrac{h}{x} = n$ とおくと, $h \to 0$ のとき $n \to 0$ だから,

$$y' = \lim_{n \to 0} \frac{1}{xn} \log_a(1+n)$$

$$= \frac{1}{x} \lim_{n \to 0} \log_a(1+n)^{\frac{1}{n}} \cdots \left[= \frac{1}{x} \lim_{n \to \infty} \log_a \left(1 + \frac{1}{n}\right)^n\right]$$

を得る。しかし, このままでは極限値は得られない。

ここで, 対数の真数部分について, $\left(1 + \dfrac{1}{n}\right)^n$ の n を大きくしていくと,

$$\left(1 + \frac{1}{1}\right)^1 = 2$$

$$\left(1 + \frac{1}{2}\right)^2 = 2.25$$

$$\left(1 + \frac{1}{3}\right)^3 = 2.37037$$

$$\left(1 + \frac{1}{4}\right)^4 = 2.44141$$

$$\vdots$$

となり, ある値に近づいていくことがわかる。実際, $n \to 0$ [または $n \to \infty$] のとき, $(1+n)^{\frac{1}{n}}$ [または $\left(1 + \dfrac{1}{n}\right)^n$]$\to 2.71828\cdots$, すなわち無理数の極限値をもつことがわかっている。

この極限値を e で表わす, つまり,

$$\lim_{n \to 0} (1+n)^{\frac{1}{n}} = e \tag{1}$$

とすると，この e を利用して，求める $y = \log_a x$ の導関数は，

$$y' = \frac{1}{x} \log_a e \tag{2}$$

として求めることができる。そして，とくに $a = e$ の場合，すなわち，

$$y = \log_e x \tag{3}$$

については，(2)より，

$$y' = (\log_e x)' = \frac{1}{x} \tag{4}$$

という画期的な結果を得ることができる。

実際，(3)の導関数を定義から求めると，

$$y' = \lim_{h \to 0} \frac{\log_e(x+h) - \log_e x}{h} = \lim_{h \to 0} \frac{1}{h} \log_e \left(\frac{x+h}{x} \right)$$

$$= \frac{1}{x} \lim_{h \to 0} \frac{x}{h} \log_e \left(\frac{x+h}{x} \right) = \frac{1}{x} \lim_{n \to 0} \log_e \left(1 + \frac{1}{\frac{x}{h}} \right)^{\frac{x}{h}}$$

$$= \frac{1}{x} \log_e e = \frac{1}{x}$$

$$\therefore \quad e = \lim_{n \to 0} (1+n)^{\frac{1}{n}} = \lim_{n \to \infty} \left(1 + \frac{1}{n} \right)^n$$

自 然 対 数

e を底とする対数 $\log_e x$ は「**自然対数**」と呼ばれ，しばしば底の e を省略して，「$\log x$」とか「$\ln x$」と表わされる。自然対数についてはとりわけ，(4)式で示されるように，「真数で微分すると真数の逆数になる」という性質は，後述するように大きな有用性をもつ。

また，一般の対数関数の微分(2)は，自然対数への底の変換を利用すると，

$$y' = \frac{1}{x} \log_a e = \frac{1}{x \ln a}$$

として求めることができる。

ここで，$y = \log_a x$ を x について解くと，$x = a^y$ であるから，対数関数 $y = \log_a x$ と指数関数 $y = a^x$ とは互いに「逆関数」であることがわかる。

　x についての指数関数 $x = a^x$ のうち，とくに基数（＝底）を e とするもの，

$$y = e^x \qquad\qquad (5)$$

つまり(3)の $y = \ln x$ の逆関数については，$x = 0$ における接線の傾きが1になるという，他のどんな底の指数関数にもない特徴をもつ（右図参照）。

　なお，$y = \ln x$ の $x = a$ における接線の傾きは(4)式より $\dfrac{1}{a}$ である。

　$y = e^x$ の導関数は，$y = e^x$ が $y = \ln x$ の逆関数であることを利用すると，容易に求めることができる。

　$y = e^x$ より，$x = \ln y$ なので，

$$y' = \frac{dy}{dx} = \frac{1}{\dfrac{dx}{dy}} = \frac{1}{(\ln y)'} = \frac{1}{\dfrac{1}{y}} = y = e^x \qquad\qquad (6)$$

つまり，$(e^x)' = e^x$ であり，微分してもまったく変わらない唯一の関数である。

　また，$y = a^x$ の導関数については，(6)と同様の手順により，

$$y' = \frac{dy}{dx} = \frac{1}{\dfrac{dx}{dy}} = \frac{1}{(\log_a y)'} = \frac{1}{\dfrac{1}{y \ln a}} = y \ln a = a^x \ln a$$

として求められる。

　以下では，この e が経済分析においていかに重要であるかを示す，もっとも基本的な一例を挙げておく。

たとえば，ある時点における人口を，t についての関数 $L(t)$ として，

$$L(t)=100\,e^{0.05\,t}$$

と想定してみよう。

まず，$t=0$ のときの L の値はただちに，$L(0)=100$ であることがわかるが，この $L(0)=100$ をこの場合の「**初期条件**」と呼ぶ。

次にこれを t で微分してみると（「**合成関数の微分法**」：t の関数である $0.05\,t$ を，たとえば $M(t)$ とすると，L はその M の関数になっていることに注目。L をまずは M で微分し，それに M を t で微分したものを乗じることで，L の t による微分が得られる。本書240頁参照），

$$L'(t)=0.05\times100\,e^{0.05\,t}$$
$$=0.05\,L(t)$$

となるので，この式の両辺を $L(t)$ で割ることにより，

$$\frac{L'(t)}{L(t)}=0.05$$

を得る。これは，L の瞬間ごとの「増加率」ないしは「成長率」が0.05という大きさであることを示すものである。

したがって，$L(t)=100\,e^{0.05\,t}$ は，かりに現在100万人ある人口が，瞬間瞬間5％の割合で刻々と増加していくと，t 時点でどのくらいの規模になっているかを示していることになる。

このように，一般に，

$$Y(t)=Y_0\,e^{gt} \tag{7}$$

などと書いて，初期条件 Y_0，瞬間成長率 g で動いていく変数の時間変化の様子を表わすことになってる。

一定の成長率 g で変化する Y の時間変化の様子は，横軸に時間 t をとって，下図のように描くことができるが，縦軸に Y そのものではなく，$\ln Y$ をとってやれば，傾き g の直線として Y の時間経路を表わすことができる点で，成長率の比較などをする場合にとりわけ重用される（「対数スケールのグラフ」）。

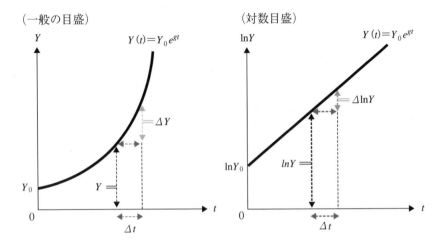

　左の自然数目盛りのグラフでは，成長率 $g = \dfrac{\Delta Y}{Y}$ の大きさは把握しづらいが，

右の対数目盛りのグラフでは，傾きは $\dfrac{\Delta \ln Y(t)}{\Delta t} = \dfrac{d \ln y(t)}{dt} = g$ であり，すなわち一定の成長率を表わしているため，その大きさを視覚的にとらえやすいという利点がある。

対数微分法

　(7)式で示される経路が瞬間成長率 g の経路であることは，以下のような「**対数微分法**」によっても確かめることができる。

　両辺の自然対数をとって，

　　$\ln Y(t) = \ln Y_0 + gt \ln e$

　両辺を t で微分すると，

$$\frac{d(\ln Y(t))}{dt} = 0 + \frac{d(gt)}{dt}$$

$$\frac{1}{Y(t)} \cdot \frac{dY(t)}{dt} = \frac{Y'(t)}{Y(t)} = g$$

　時間とともに変化する複数の変数の積や商のかたちで標記された関係式は，対数をとって時間で微分することにより，伸び率の和や差の関係に置き換えることができる。たとえば，労働の生産性 σ は，国民所得 Y と労働力人口 L の商として，

$$\sigma = \frac{Y}{L}$$

と定義できるが，この両辺の対数をとり，$\ln \sigma = \ln Y - \ln L$ として，両辺を時間 t で微分すると，$\dfrac{d \ln \sigma}{d\sigma} \cdot \dfrac{d\sigma}{dt} = \dfrac{d \ln Y}{dY} \cdot \dfrac{dY}{dt} - \dfrac{d \ln L}{dL} \cdot \dfrac{dL}{dt}$，すなわち，伸び率の関係，

$$\frac{\dot{\sigma}}{\sigma} = \frac{\dot{Y}}{Y} = \frac{\dot{L}}{L}$$

が得られる。これは，経済成長率が労働生産性の上昇率と人口増加率の和として規定されることを示すものである。

　※　「対数微分法」を用いると，微分の一般公式，

$$(x^a)' = a\, x^{a-1} \qquad ただし，\ a は実数，\ x > 0$$

　　を容易に導くことができる；$y = x^a$ の両辺の自然対数をとり，

$$\ln y = a \ln x$$

　　この両辺を x で微分すると，

$$\frac{y'}{y} = \frac{a}{x}$$

　　よって，

$$y' = \frac{a}{x}\, y = \frac{a}{x}\, x^a = a\, x^{a-1}$$

　※　e の値は次式で表わすこともできる（マクローリン展開）。

$$e = 1 + \frac{1}{1!} + \frac{1}{2!} + \frac{1}{3!} + \cdots + \frac{1}{n!} + \cdots$$

　　さらに，

$$e^x = 1 + \frac{x}{1!} + \frac{x^2}{2!} + \frac{x^3}{3!} + \cdots + \frac{x^n}{n!} + \cdots$$

練習問題の解答

<u>ミクロ編</u>

1　1）39　　2）420　　3）450　　4）80　　5）70　　6）4.5

2　　　　　　　　**❶のケース**　　　　　　　　　　　　**❷のケース**

3　省略（消費税が「逆進性」をもつことを示す）

4　1）0.5　　　2）X財　　　3）1

5　独占均衡価格：360　　　完全競争均衡価：200

6　1）　Xの戦略：スマートフォンに特化　　　Yの戦略：従来型に特化
　　2）　Xの戦略：高価格　　Yの戦略：低価格

マクロ編

1　レオンチェフ逆行列：$\begin{bmatrix} 2 & 0.8 \\ 2.5 & 3.5 \end{bmatrix}$，農業生産が20増え，工業生産は25増える。

2　450兆円

3 (1)①　$\dfrac{\Delta Y}{\Delta(-\overline{T})}=\dfrac{b}{1-b}$，$\dfrac{\Delta Y}{\Delta \overline{G}}=\dfrac{1}{1-b}$，減税乗数のほうが政府支出乗数より大きい。

　②　$\dfrac{\Delta Y}{\Delta \overline{G}}=1$

(2)　A：20，B：0.6，C：20，D：0.15，E：400，F：30，G：25，H：5，I：4，J：2

4　i)　国民所得：550，為替レート：95

　ii)　為替レートが80に増価するだけで，国民所得は変化しない。

　iii)　為替レートは170に減価し，国民所得は600に増加する。

　iv)　実質マネーサプライは100に増加し，国民所得は560に増加する。

5　1)　$r=28-0.06Y$　　2)　$Y=-20+\dfrac{600}{p}$ または $P=\dfrac{600}{Y+20}$

　3)　$Y=400p$ または $p=\dfrac{1}{400}Y$　　4)　$(Y^*, p^*)=(480, 1.2)$　　5)　10％

6)

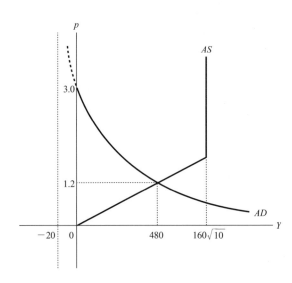

6　1)　　$\Delta k = 0.2\sqrt{k} - 0.05k$　　　　2)　$k^* = 16$　　3)　$k_G^* = 100$

4)　　50 %まで上昇させる

5)

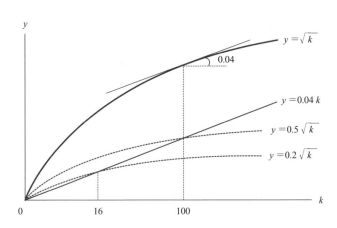

索　引

256

258

259

●著者紹介

浮田　聡（うきた・さとる）

1955年赤穂市生まれ，1977年早稲田大学政治経済学部卒業，1985年
国際商科大学商学部専任講師，1991年〜1993年マンチェスター大学経
済学部客員教授，2001年東京国際大学経済学部教授（現在に至る），
2004年〜2006年ミラノ大学政治経済学部客員教授

主要業績：
・『景気変動論』（共著）八千代出版
・「線形モデルにおける調整」（単著）東京国際大学論叢経済学部編
　二階堂副包先生追悼号
・R. Heilbroner著『世俗の思想家たち－入門経済思想史』（共訳）
　ちくま学芸文庫

経済学概説〔第3版〕

2008年1月1日　初版第1刷発行
2012年7月1日　改訂版第1刷発行
2016年5月1日　改訂版第2刷発行
2020年6月10日　第3版第1刷発行

著　者	浮田　聡
発行者	大坪　克行
発行所	株式会社 泉 文 堂

〒161-0033　東京都新宿区下落合1－2－16
電話 03(3951)9610　ＦＡＸ 03(3951)6830

印刷所	光栄印刷株式会社
製本所	牧製本印刷株式会社

©Satoru Ukita　2020　Printed in Japan　　　　　（検印省略）

ISBN978－4－7930－0151－2　C3033